LUCA VOLPE

'MAGHI DELLA VENDITA'
COME DIVENTARE UN ARTISTA DELLA PERSUASIONE

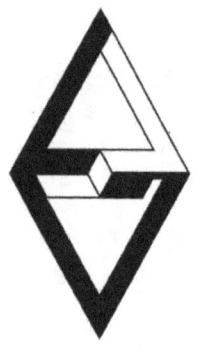

ISBN: 978-0-244-46687-9

INDICE

Prefazione di Isabella Rosa Pivot

"Il successo o il fallimento nel mondo degli affari è dovuto più all'atteggiamento mentale che alle capacità mentali" (Walter Scott)

Il concetto di corretto *mindset* viene spesso sottovalutato, eppure è un elemento fondamentale per il successo e di non così facile applicazione.

Negli anni in cui mi sono occupata di vendita di servizi finanziari, ho inizialmente faticato a creare il giusto stato mentale, per non dire che avrei pagato qualsiasi cifra pur di ottenere tecniche semplici e direttamente applicabili in grado di farmi ottenere gli obiettivi più rapidamente e senza gli sforzi che avvertivo quotidianamente.

Mi viene da sorridere al pensiero di avere finalmente questa occasione, racchiusa in un libro, per un prezzo irrisorio rispetto al suo valore reale e pratico.

"Maghi della vendita" è il manuale perfetto per coloro che lavorano nella comunicazione, nelle relazioni con il pubblico, con la vendita diretta o indiretta di beni e servizi.

Una guida capace di farti acquisire, in breve tempo e in modo molto semplice, tecniche flessibili e pratiche per diventare un abile comunicatore e farti ottenere quella sicurezza in te stesso che stavi cercando; non solo nel dialogo diretto, ma anche nel linguaggio non verbale e su ogni singolo canale, che si tratti di rapporto telefonico o tramite l'uso di email.

"Maghi della vendita" ti permetterà di creare il giusto *mindset* per il tuo successo.

Ho conosciuto Luca proprio nel periodo in cui mi occupavo di vendita finanziaria. Lavoravo al contempo per un giornale nazionale e lo contattai per un'intervista; diventammo amici e collaboratori in breve tempo.

Dal suo libro "I Consigli della Volpe" alla sua attuale carriera come Tutor Mentalist nella celebre trasmissione Rai "Detto Fatto", ho seguito i suoi sviluppi e ascoltato i suoi suggerimenti e, da allora, ho completamente rivoluzionato il mio contesto lavorativo e ottenuto soddisfazioni e una certa realizzazione personale e professionale. Grazie a Luca ho trovato la spinta necessaria a "buttarmi" in nuove sfide e degli strumenti efficaci per raggiungere gli obiettivi che mi prefiggevo da sempre, ma che non riuscivo mai a realizzare nel concreto.

È proprio questo che ti auguro di ottenere dalla lettura di questo manuale: Luca è un esperto di tecniche di comunicazione, persuasione e di linguaggio del corpo, nonché abilissimo Mentalist Life Coach Motivazionale e ti posso assicurare caro lettore che, se ascolterai e metterai in pratica le sue direttive, il passo per il successo sarà assai breve.

Sei pronto a dominare il tuo futuro?

Isabella Rosa Pivot
Scrittrice, giornalista ed interprete

MAGHI DELLA VENDITA

Se hai deciso di acquistare questo libro, è perché probabilmente sarai stanco di trovare ostacoli nel processo di vendita e nel riuscire a creare il giusto rapporto con chi ti sta di fronte.

La mia esperienza nell'ambito del mentalismo e della comunicazione, di oltre venticinque anni, mi ha dato la possibilità di comprendere il processo decisionale delle persone. Ho notato che tutti abbiamo un sistema di pensiero simile, che ci porta a rispondere in modo prevedibile, in situazioni specifiche come, appunto, quella della vendita.

In questo libro ho voluto racchiudere tutti quei segreti che ti permetteranno, fin da subito, di diventare un "mago della vendita"! Scoprirai come influenzare il pensiero altrui, come utilizzare il linguaggio ipnotico e quale atteggiamento corporeo assumere per convincere chi ti sta di fronte.

Imparerai anche le frasi esatte che ti permetteranno di rispondere alle obiezioni, in modo da tenere aperto il processo di vendita, sia dal vivo sia al telefono.

Un libro pratico, che ti aiuterà a costruire un nuovo modello di "pensiero persuasivo" e che non solo ti consentirà di essere in controllo delle decisioni dei tuoi clienti, ma ti darà anche dei benefici nella vita di tutti i giorni.

Infatti, seguendo le lezioni in questo libro, ti sentirai più sicuro di te, la tua fisiologia cambierà e quindi anche il modo in cui ti giudichi.

Avrai finalmente quel carisma che ti permetterà di attrarre le persone come se fossi un magnete! Le tue parole, la tua tonalità, i tuoi gesti, saranno come una magnifica sinfonia di cui gli altri non riusciranno a fare a meno.

Studiando attentamente tutte le tecniche esposte, diventerai in breve tempo un artista della persuasione, e non solo nell'ambito della comunicazione verbale e non verbale, ma anche in quella scritta! Infatti, ho voluto raccogliere quelle tecniche base di *copywriting* che ti permetteranno di scrivere in modo persuasivo anche sul web e via email.

L'unica cosa che ti chiedo è questa: non limitarti a leggere questo libro in modo attento, ma metti subito in pratica le varie lezioni. Solo con l'allenamento sul campo, ti renderai conto della vera potenza delle tecniche descritte. I metodi elencati sono flessibili e possono essere usati in qualsiasi tipo di situazione lavorativa, infatti ti basterà capire il concetto di base, per poi adattarlo di volta in volta.

So bene che dentro di te c'è la determinazione giusta per intraprendere la salita verso il successo, infatti se hai questo libro tra le mani non è un caso, e io sono qui per aiutarti a vincere la sfida con te stesso.

Questo libro non è per i perdenti che vogliono vincere, ma per le persone con mentalità vincente che vogliono vincere di più.

Luca Volpe

MINDSET PER IL SUCCESSO

La prima cosa che dovrai fare per diventare un "Mago della Vendita" è costruire il giusto *mindset*, ossia quello in grado di farti affrontare i clienti in modo più sereno e deciso.

Sono pubblicizzate molte tecniche, seminari e corsi online che promettono risultati incredibili in poco tempo, ma se non passi all'AZIONE e non metti in atto ciò che apprendi, resterai sempre al punto di partenza.

Da mentalista ho imparato che il vero segreto per diventare persone di successo risiede nella nostra mente e nelle nostre decisioni. Si tratta per l'80% di mindset e, per il rimanente 20%, di tecnica, ossia ciò che mettiamo in pratica, soprattutto nella vendita. Nella mia vita ho sempre guardato e analizzato le persone di successo, cercando di capire come hanno fatto ad arrivare fino a dove sono giunte, e ho scoperto che molte di queste, pur avendo ricevuto un'educazione scolastica di base, sono riuscite ad affermarsi proprio grazie al loro modo di pensare.

"Successo è comportamento", infatti, per diventare delle persone di successo, bisogna comportarsi in modo congruente all'obiettivo che si vuole raggiungere. Gli americani dicono *"fake it, until you make it!"* (fai finta di farlo, per farlo!). Se ci pensi, è proprio così: nel momento in cui entri nello stato mentale di una persona vincente, sei subito motivato a passare all'azione e a muoverti verso la meta.

Per esempio, quante persone conosci che affermano di voler dimagrire, quando invece continuano a ingozzarsi e a fare false promesse a loro stesse dicendo che "un giorno" andranno in palestra? Questo dimostra che il loro pensiero non è congruente al loro comportamento. Se non passano all'azione, ossia andare in palestra, non otterranno mai i risultati sperati.

Nell'ambiente del business mi è capitato di fare delle consulenze a molte persone che concentravano tutte le loro energie nel fare soldi, ma pochissime energie nel curare il l o r o *mindset per il successo*; questo le ha portate inesorabilmente a un'ossessione vera e propria che non ha fatto altro che creare ostacoli. Per ottenere successo nel proprio business, bisogna innanzitutto lavorare su se stessi e concentrarsi nel migliorare gli aspetti della vita personale, e solo dopo sviluppare quelli destinati alla vita professionale.

Un altro problema di molte persone è il loro rapporto con il denaro. Si dice che *"i soldi non fanno la felicità"*, ebbene questo è assolutamente sbagliato: i soldi la fanno, eccome! Se usati nel modo giusto, rendono certamente la vita più serena. Quante persone hanno magari dovuto rinunciare a delle cure specifiche per mancanza di soldi? Quante volte hai rinunciato a quella vacanza che tanto desideravi per delle spese che hai dovuto affrontare? Nonostante tutti noi ci troviamo in queste situazioni, continuiamo a credere che le persone agiate siano in qualche modo "cattive" e prive di cuore. Vorrei vedere cosa direbbe chi pensa questo, se diventasse ricco all'improvviso!

Il problema principale è proprio questo: finché assocerai al denaro un pensiero negativo, non avrai mai il giusto *mindset per il successo.*

Il successo è il risultato di sforzi e dedizione costante al tuo obiettivo e la sua grandezza è il risultato di quanto è alto l'obiettivo che ti prefiggi.

Io ho iniziato la mia carriera nel mondo dello spettacolo all'età di dodici anni e già da allora avevo le idee molto chiare, infatti volevo *"diventare un artista internazionale"*. Per anni ho dovuto superare grandi ostacoli, senza l'aiuto di nessuno, e nonostante mi sia trovato in situazioni molto difficili, ho sempre creduto nel mio obiettivo e grazie alla determinazione costante oggi ho realizzato il mio sogno.

Ovviamente non è finita qui, ho tanti progetti che intendo ancora realizzare e sono consapevole che non sarà facile, ma è proprio questo che mi spinge a cercare sempre nuove soluzioni che mi portino ad affrontare e vincere le sfide che si presenteranno.

Uno dei modi per raggiungere il successo è quello di essere produttivi. Spesso, infatti, tendiamo a rimandare dei compiti che sono necessari per muoverci verso il nostro obiettivo, o per mancanza di tempo o per la svogliatezza, o addirittura per il timore di fallire. Quante volte hai immaginato di voler avviare un progetto e poi immediatamente hai pensato di non farcela? Questo, per esempio, è sbagliatissimo! In questo modo non fai altro che creare dei pensieri *"auto-limitanti"* che vanno a bloccare lo spirito produttivo e, di conseguenza, i passi necessari a raggiungere il tuo scopo.

Non esistono obiettivi impossibili, sono i nostri pensieri a limitarli.

La produttività è un cocktail di talento, capacità di acquisire clienti, studio costante, energie e risorse grazie cui realizzare il tuo progetto.

Ovviamente bisogna aver ben chiaro qual è l'obiettivo che si vuole raggiungere, stabilire delle priorità e organizzare bene le ore della giornata. Questo non significa che dovrai lavorare per dodici ore al giorno su un solo progetto, ma che dovrai dedicare del tempo su specifiche azioni.

Per esempio, quando scrivo un libro, mi ci dedico per due ore al giorno, e sempre nello stesso orario. In questo arco di tempo cerco di scrivere quanto più possibile, poi, una volta terminato, volgo la mia attenzione ad altro. Ovviamente in queste due ore non devo avere alcun tipo di distrazione, e mi riferisco soprattutto alle numerose notifiche di social media e email che appaiono sul cellulare.

Il mindset per il successo è basato su cinque elementi principali:

1. **Visione del futuro**
2. **Comportamento congruente all'obiettivo**
3. **Determinazione**
4. **Gestione del tempo**
5. **Azioni consistenti nel tempo**

Oltre a questi elementi, che vanno a modellare il tuo stato mentale e produttivo, bisogna aggiungere altri fattori. Il primo è quello di pensare in modo globale.

Con le possibilità che oggi abbiamo attraverso internet ci è più facile raggiungere persone in qualsiasi posto nel mondo. Quindi perché non pensare in modo globale?

Cosa ci vieta di pensare a un prodotto o un servizio che possa essere distribuito su tutto il pianeta? Se, per esempio, sei un consulente, non limitarti solo al tuo paese; oggi grazie alla rete puoi fare consulenze online e guadagnare direttamente da casa tua! Se hai in mente un nuovo prodotto, perché non dare uno sguardo alle diverse culture dei vari paesi e capire quale potrebbe essere il posto più adatto dove poterlo distribuire?

Pensa a quanti modi diversi hai di guadagnare se utilizzi tutte le possibilità e la tecnologia che hai a disposizione. Conosco famosi *influencer* che usano Instagram per vendere i loro prodotti (o quelli altrui) e guadagnano fior di quattrini, soltanto postando una fotografia, per non parlare poi dei video promozionali. Come vedi ci sono tantissime opportunità, sta a te capire qual è quella più adatta per promuovere la tua idea.

Un altro aspetto da considerare è quello di collaborare con chi ne sa di più o con chi può dare più valore alla tua idea. Io stesso, quando realizzo i miei spettacoli, mi affido a registi e autori che possano dare più spessore alla mia performance. Quindi non sottovalutare il potere della collaborazione, metti da parte il tuo ego e crea un team vincente che possa supportare le tue idee!

Un altro consiglio che voglio darti, è quello condizionare la tua mente nel vivere nel futuro e non nel passato. Ogni mattina, dedica almeno 10 minuti a visualizzare la tua giornata e immagina, vivendone le emozioni, l'esito positivo del tuo obiettivo. Vedrai che in questo modo ti sentirai più sicuro e sarà percepito anche da chi ti sta di fronte.

Ultimo fattore, ma non meno importante, è quello di "pensare alla grande"! Ora lo so a cosa stai pensando (sono un mentalista!): *"Come faccio a pensare alla grande, se sono bloccato nella mia situazione e non riesco ad andare avanti?"*

Il problema è proprio questo, finché penserai di essere bloccato, non riuscirai mai ad andare avanti.

A tutto c'è una soluzione, basta impegnarsi nel trovarla.

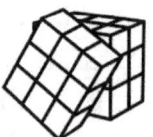

*Per ogni problema
c'è una soluzione...*

LA VENDITA EMOZIONALE

Una volta che hai creato il giusto mindset per il successo, devi sviluppare quello per la vendita. La prima cosa da fare è rimuovere il pensiero ostile verso la vendita stessa. Infatti molti pensano alla figura del venditore in modo negativo, benché in realtà essere bravi a vendere significa saper risolvere i problemi dei clienti, offrendo loro servizi o prodotti che possono migliorargli la vita. Non solo, ma diventando bravi a vendere si contribuisce a far muovere l'economia, il che è un ottimo motivo per diventare "Maghi della Vendita"!

Come ho detto prima, l'80% è *mindset* e solo il 20% è strategia di vendita e tecnica. Per esempio, immagina di incontrare un tuo amico che torna da un weekend in una SPA. Egli afferma che il posto era stupendo, con un panorama magnifico, che i trattamenti di bellezza erano super rilassanti e l'acqua delle piscine termali era energizzante. A questo punto, ora che il tuo amico ti ha fatto rivivere le sensazioni descritte, cominci a voler sapere di più su quel luogo, non è vero?

Quello che ti sta accadendo è che, rivivendo quelle emozioni, grazie al racconto del tuo amico, stai desiderando di andare nello stesso luogo. Praticamente il tuo amico, senza volerlo, ti ha "venduto" un weekend alla SPA! Soltanto "condividendo" la sua esperienza ti ha fatto venire la voglia di provarla!

Questa cosa ci insegna che se abbiamo un prodotto o servizio che può aiutare qualcuno e lo presentiamo in modo da condividere le emozioni provate nel farne esperienza, abbiamo molte più possibilità di venderlo.

Il solo condividere non è vendere. Infatti è l'entusiasmo che abbiamo nel presentare un'esperienza in modo "emozionale" che fa venire il desiderio, nella persona che ascolta, di provarla. Vendere non è "fare pressione" sul cliente per fargli acquistare un prodotto, ma fargli vivere un'emozione prima ancora di utilizzarlo.

Una volta che hai "condiviso" il tuo prodotto, dovrai parlare dei benefici che offre. Per esempio, se dovessi vendere un'auto, prima farai provare l'emozione di guidare quel tipo di vettura, poi comincerai a parlare dei benefici che offre la stessa (comodità, spazio, bassi consumi, ecc...). Se dovessi vendere dei servizi di social media management, potrai per esempio far intuire quanti clienti in più il tuo cliente potrebbe acquisire utilizzando una certa tipologia di strategia o di piattaforma. Se credi nel tuo prodotto, se il valore che offri è alto, devi parlare alla "mente emozionale" di chi ti ascolta e non al loro portafogli! Credimi, questa è una tecnica invincibile per instaurare un rapporto con i clienti. Se entri nell'idea di creare una vendita emozionale, non cadrai nella trappola di dubitare di te stesso. Infatti molte persone, nel momento della vendita, hanno paura di premere troppo il cliente, di non dire le cose giuste e così via, creando solo tensioni che il cliente percepirà, e che faranno sì che l'esito sarà negativo. Una vendita, invece, che tocca le emozioni del cliente, renderà tutto più fluido e costruirà un rapporto diverso con l'interlocutore.

CREAZIONE DEL RAPPORTO

Il discorso della "vendita emozionale" ci porta ovviamente a parlare di come sia importante creare un rapporto con chi ci sta di fronte. Il "rapporto" è l'abilità di entrare nel mondo di un'altra persona, di comprendere i suoi bisogni e di creare una connessione mentale che porti chi ci ascolta ad un'apertura totale verso le nostre idee.

Il rapporto lo si può creare in diversi modi, per esempio attraverso il *"mirroring"*, una tecnica della Programmazione Neuro Linguistica con cui si "imita" l'atteggiamento verbale e non verbale di chi ci sta di fronte, come se fosse di fronte allo specchio, "copiando" in modo non troppo manifesto i suoi movimenti e il tono della voce. Una volta entrati in empatia, si procederà a invertire i ruoli. Praticamente tu, a un certo punto, cambierai gli atteggiamenti verbali e non verbali: vedrai che "magicamente" sarà la persona che hai di fronte a cominciare a "copiarti". Questo sarà il segnale che ti farà capire che sei diventato il "leader" della conversazione, e che, quindi, il tuo interlocutore sarà più aperto a percepire in modo positivo una tua idea.

Bisogna ricordare che per entrare in sintonia con i nostri clienti bisogna metterli a proprio agio, in modo che possano acquisire fiducia. Questo lo si può fare solo creando un rapporto fin dall'inizio della conversazione; infatti, è stato scientificamente provato che abbiamo solo cinque secondi per dare una buona impressione. Quindi devi essere capace di creare un'empatia istantanea con chi ti sta di fronte.

Questo si può fare tenendo presenti tre punti fondamentali:

1. **Determinazione**
2. **Entusiasmo**
3. **Esperienza**

Infatti, se ci pensi, noi tutti vogliamo avere a che fare con persone determinate alla risoluzione dei nostri problemi, entusiaste del prodotto che vendono e, ovviamente, esperte del settore. Se nel momento in cui ti presenti al cliente comunichi queste tre cose, avrai molte più possibilità di chiudere l'affare.

- Ma vediamo queste tre caratteristiche nel dettaglio -

DETERMINAZIONE
Se il cliente ha di fronte una persona insicura, se ne accorge immediatamente. Devi mostrarti come una persona "con le palle", in grado di risolvere qualsiasi problema e raggiungere l'obiettivo del cliente. Ovviamente, per essere determinato, devi sapere di cosa stai parlando ed avere una certa cultura nel prodotto o servizio che stai vendendo. Ci sono molti venditori alle prime armi che non hanno la minima idea di ciò che propongono ai clienti e crollano immediatamente alla prima obiezione.

ENTUSIASMO

Il cliente deve sentire a livello inconscio che hai entusiasmo in ciò che vendi. Come ho già detto, quando vai a "condividere" un'emozione e non a "vendere" un prodotto, hai più possibilità di avere una risposta positiva. Devi trasmettere passione ed energia. Praticamente devi motivare il tuo cliente a cogliere un'offerta incredibile!

ESPERIENZA

Il cliente deve percepire immediatamente, dal modo in cui parli e presenti il prodotto, che sei un'autorità e un esperto nel tuo campo e che conosci, dentro e fuori, il prodotto che stai vendendo. Questo ti garantirà il rispetto e la fiducia di chi ti sta di fronte.

Una volta stabiliti questi tre punti, è importante che il tuo cliente percepisca che sei una persona che vale la pena di ascoltare. Ricorda che le persone che avviciniamo per vendergli un prodotto o un servizio sono spesso impegnate e hanno poco tempo da dedicarci, quindi prima riesci a dare una buona impressione, meglio è!

Nel momento in cui il tuo potenziale cliente capisce che sei una persona che non gli fa perdere del tempo prezioso, che hai una soluzione ai suoi problemi e riesci ad andare diretto al punto del discorso, entrerà in uno stato mentale positivo che gli farà comprendere di aver trovato colui che gli permetterà di realizzare i suoi obiettivi.

Ovviamente, il rapporto lo si crea non solo grazie alle nostre capacità comunicative, ma anche grazie al modo in cui ascoltiamo il nostro cliente. Infatti, oltre a essere bravi comunicatori, dobbiamo essere attenti ascoltatori: abbiamo una bocca e due orecchie per questo! Uno dei segreti più importanti nel business è saper ascoltare "le emozioni del cliente". Quando la persona che hai di fronte capisce che la stai ascoltando, sarà più aperta a chiudere l'affare, infatti percepirà il tuo rispetto e penserà che le cose che dice sono importanti per te.

Sto ovviamente parlando di ascolto attivo e non di ascolto passivo. Infatti, quando usi un ascolto attivo, e questo lo si fa attraverso alcuni atteggiamenti che spiegherò in seguito, non solo la persona si sentirà apprezzata, ma anche tu sarai più motivato nell'esporre la tua idea. Ricorda, nel momento in cui dimostri all'altra persona tutte le caratteristiche di cui abbiamo parlato precedentemente, devi anche dar prova di essere un buon ascoltatore: se non lo farai, lei perderà immediatamente fiducia in te. Le persone non comprano da te perché capiscono che cosa vuoi loro vendere, ma perché si sentono capite! L'unico modo per ottenere la loro fiducia è saperle ascoltare.

I cinque atteggiamenti utili per diventare un buon ascoltatore sono i seguenti:
1.   Contatto visivo deciso e convinto
2.   Prendere nota di ciò che il cliente sta dicendo. Facendo questo gli si fa capire che si è interessati al suo problema e si sentirà speciale. Usa carta e penna, non il telefonino!

3. Far terminare le frasi ai clienti. Non c'è cosa peggiore che essere interrotti, poiché denota disinteresse e, ovviamente, maleducazione.

4. Far capire di avere un ascolto attivo, facendo cenni con la testa mentre l'interlocutore parla e dicendo ogni tanto frasi del tipo "capisco", "certamente" ecc...

5. Fare domande che scavino a fondo nell'argomento, del tipo: "Cosa la blocca nel realizzare quella determinata cosa?"; "Come posso aiutarla?"; "Cosa cerca di specifico nel mio servizio?". Il fatto di fare domande "aperte" aiuta il cliente ad esporre meglio i suoi bisogni.

Altri importanti fattori per diventare un bravo comunicatore sono:

1. Essere amichevole

La cosa importante che deve trasparire nella comunicazione con il tuo cliente è la sensazione di essergli amico da tempo! Devi trattarlo come se fosse una persona alla quale stai dando dei consigli sinceri, che possano aiutarlo nella risoluzione dei suoi problemi.

2. Dire "no" nel modo giusto

A nessuno piace sentire la parola "no". Cerca di evitare questa parola il più possibile. Se, per esempio, il cliente ti chiede di terminare un progetto in una data specifica, e tu non puoi farlo, invece di rispondere con un "no" puoi formulare la frase in questo modo: "Non credo di poter terminare il lavoro per quella data, ma posso sicuramente tenerti aggiornato sull'andamento del lavoro, in modo che tu possa seguire i vari passaggi; per te va bene?".

Come vedi, questa frase non solo fa trasparire professionalità, ma è anche molto "amichevole" ed evita una risposta arrogante da parte del cliente.

3. Essere consistente

Fai in modo di essere consistente nel modo in cui esponi un messaggio. Dalla prima interazione (i famosi cinque secondi) il tuo cliente dovrà percepire che da parte tua ci sarà un susseguirsi di atteggiamenti simili e di un certo livello. Se, per esempio, all'inizio il tuo approccio è amichevole e poi, a metà discorso, al sorgere di alcune difficoltà, diventi arrogante, il cliente assumerà un atteggiamento di difesa e, chiudendosi, ti bloccherà nell'esposizione della tua idea.

4. Parlare il linguaggio dell'interlocutore

Parte della comunicazione è adattare il proprio stile a quello della persona che si ha di fronte. Abbiamo già parlato del mirroring, ma è importante tener presente che questa tecnica è molto vasta e quindi va adattata al tipo di cliente e situazione. Se il tuo cliente dovesse esprimersi con tono formale, allora adotterai anche tu quel tono; se, invece, dovesse essere un tipo energetico, assumerai lo stesso atteggiamento, e così via. Questo non significa che dovrai trasformarti completamente, ma che assumendo parte dello stile comunicativo dell'altra persona, avrai una connessione più intima con essa.

5. Spiegare le cose in modo semplice

Come ho spiegato prima, i clienti vanno sempre di fretta, quindi, quando comunichi, cerca di farlo nel modo più semplice possibile e cercando di agevolare l'interlocutore nel migliore dei modi.

Per esempio, prima di un meeting, potresti inviare via mail al cliente un documento esplicativo, così che nel momento dell'incontro egli avrà già un'idea del concetto. Pensa ad ogni cosa che può semplificargli la vita e vedrai che ciò sarà molto apprezzato.

6. *Anticipare le domande*

Prima di andare ad un meeting, prepara le risposte alle domande che tu credi possano farti. Non c'è nulla di peggio che essere impreparati.

7. *Riassumere*

Nel dialogo col cliente, è opportuno fermarsi per riassumere i vari punti affrontati nella discussione. Questo non solo gli farà capire che lo stiamo ascoltando, ma confermerà, in modo schematico e chiaro, tutto ciò che è stato detto, evitando future incomprensioni.

Una volta creato il giusto rapporto e aver fatto capire al tuo cliente che sei una persona determinata, entusiasta ed esperta, sarà sicuramente più facile fare il "pitch" del tuo prodotto e, quindi, passare alla vendita vera e propria. Prima, però, di entrare nel merito delle tecniche specifiche su come presentare un prodotto, è bene tenere presente un altro aspetto fondamentale della comunicazione.

Durante l'ascolto attivo, bisogna capire a quale "sistema di rappresentazione mentale" la persona che abbiamo di fronte appartiene. Normalmente la nostra rappresentazione del pensiero è composta da uno di questi quattro elementi: *Generico, Visuale, Auditivo e Cinestetico.*

Una volta che abbiamo capito a quale categoria il nostro cliente appartiene, abbiamo una grande arma a nostro favore, infatti, comunicando nel modo in cui lui si esprime, abbiamo molte più possibilità di chiudere un affare. Questo non significa che una persona Visiva, per esempio, non possa elaborare anche nelle altre due modalità, ma - nella maggior parte dei casi - elaborerà le informazioni tramite immagini.

Ecco come le persone si esprimono nelle tre modalità descritte:

Persone Generiche (non specifico)
Si esprimono con frasi del tipo: "ti capisco", "non sono sicuro di questa cosa", "voglio dirti questo", etc...

Persone Visuali (immagini)
Si esprimono con frasi del tipo: "Vedo che non mi comprendi", "Vorrei che immaginassi questa situazione", "Quella cosa non la vedo proprio per me", etc...

Persone Uditive (suoni, parole, rumori)
Si esprimono con frasi del tipo: "ascoltami bene", "vorrei che il concetto fosse ascoltato in modo chiaro e preciso", "onestamente questa cosa che dici non mi suona", etc...

Persone Cinestetiche (sensazioni, gusto, olfatto, tatto)
Si esprimono con frasi del tipo: "ho una strana sensazione su questo prodotto", "vorrei che toccassi con mano", "sto seguendo il discorso", etc...

Altre caratteristiche dei sistemi di rappresentazione sono:

Visivo

Le persone visive camminano a testa alta e hanno una fisiologia sicura. Quando parlano tendono a muovere gli occhi verso l'alto (immaginazione). Sono persone organizzate, amanti dell'ordine e vestono in modo molto elegante. Per le persone visive l'apparenza è importante, infatti spesso curano il corpo e, ovviamente, l'aspetto. Parlando con queste persone bisogna utilizzare molto le immagini, quindi è necessario far "immaginare" loro come sarebbe usare il prodotto o il servizio che s'intende vendere.

Uditivo

Le persone uditive, all'interno di un discorso, muovono gli occhi lateralmente. Si distraggono facilmente, soprattutto a causa di rumori. Mentre parlano, tendono a ripetere delle frasi pronunciate dal loro interlocutore, come per memorizzarle. Questo tipo di persone chiede spesso di ripetere i concetti, in modo da apprenderli meglio. Con loro bisogna esprimersi con riferimenti al mondo dell'ascolto.

Cinestetico

Queste persone si muovono e parlano lentamente. Durante una conversazione tendono ad avere un contatto fisico, infatti spesso si avvicinano molto all'interlocutore. Sono persone che non badano molto all'aspetto, ma piuttosto prediligono abiti comodi. Con loro bisogna parlare in modo da fargli vivere un'esperienza mentale che va dal tatto al gusto, ovviamente in base al prodotto venduto.

Per esempio, se si dovesse proporre a questo tipo di clienti una nuova auto, fargli "sentire" l'odore degli interni, la robustezza della carrozzeria e via dicendo.

Le persone **generiche** invece non hanno uno specifico tipo di rappresentazione mentale, sono più difficili da gestire e tendono a cambiare idea facilmente. Con questo tipo di persone bisogna creare velocemente empatia, in modo da diventare subito amici e acquisire la loro fiducia.

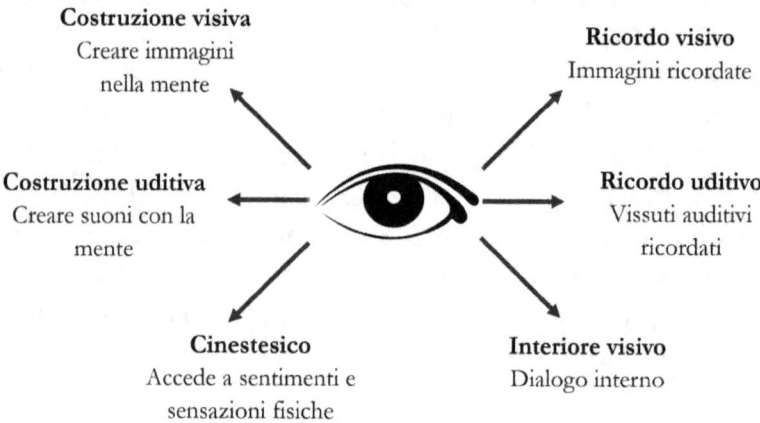

Costruzione visiva
Creare immagini
nella mente

Ricordo visivo
Immagini ricordate

Costruzione uditiva
Creare suoni con la
mente

Ricordo uditivo
Vissuti auditivi
ricordati

Cinestesico
Accede a sentimenti e
sensazioni fisiche

Interiore visivo
Dialogo interno

Alcune parole da usare in base alle diverse modalità sono:

Modalità Visiva
- Vedere
- Osservare
- mostrare
- immaginare
- vivido
- mettere a fuoco
- evidenziare
- nitido

Modalità Uditiva
- ascolta
- suono
- apri bene le orecchie
- risuonare
- dire
- affermare
- armonioso

Modalità Cinestetica
- provare
- toccare
- afferrare
- contatto
- concreto
- fiutare

Come vedi, è molto facile capire qual è la modalità di rappresentazione del tuo cliente. A questo punto non ti resta altro che parlargli con il suo stesso *sistema rappresentazionale* per entrare immediatamente in empatia.

POSTURA PERSUASIVA

Per creare un rapporto bisogna anche assumere una postura utile a comunicare in modo convincente ciò che abbiamo da offrire.

Il modo in cui ci presentiamo alle persone può determinare il successo del nostro obiettivo; le persone che abbiamo davanti, infatti, reagiscono in base a come noi ci presentiamo. Se attraverso il nostro atteggiamento corporeo dimostriamo paura, insicurezza e incertezza, a livello inconscio il nostro interlocutore lo percepirà, e quindi la nostra idea non verrà presa in considerazione.

Per tenere in pugno l'attenzione delle persone che sono di fronte a noi e convincerle a dire di sì, dobbiamo conoscere gli atteggiamenti corporei da utilizzare in base a ciò che diciamo.

Prima, però, di affrontare queste tecniche c'è una cosa molto importante che devi ricordare: *Il nostro corpo cambia la nostra mente, la nostra mente cambia i nostri atteggiamenti e questi ultimi determinano la riuscita delle nostre intenzioni.* Quindi, come vedi, basta cambiare il modo in cui noi ci presentiamo per determinare il successo di un incontro.

Cominciamo con una delle pose più importanti, che sicuramente avrai notato nei discorsi di persone di potere (a proposito, ti consiglio di analizzare i video dei presidenti americani per vedere come loro utilizzano questa posizione). Ti sto parlando della **POWER POSE**.

La power pose consiste nello stare in piedi, con busto eretto e braccia ai fianchi. Stare in questa posizione fa sembrare più un super eroe che una persona convincente, ma quello che conta è l'idea di assumere quella posizione. Nel momento in cui parli a un cliente, cerca di stare in piedi con il busto eretto e poggia, anche solo per alcuni istanti, le mani ai lati del corpo: vedrai che questa posizione ti darà grande sicurezza e decisione nell'esposizione dei concetti.

Tra l'altro è scientificamente provato che assumendo questa posizione i livelli di testosterone aumentano, e ciò è connesso con la leadership.

Una variante della power pose è chinarsi leggermente in avanti durante un discorso e toccare con le dita il tavolo: questa posa conferirà un'idea di determinazione su ciò che stai comunicando.

Ovviamente esiste anche la posizione contraria, ossia la **Low Power Pose**. Queste, per esempio, sono posizioni che devi assolutamente evitare e sono convinto che alcune volte, durante alcuni colloqui, le avrai assunte:

- piedi e braccia incrociate;
- gomiti sul tavolo e schiena curva;
- mani incrociate in mezzo le gambe;
- toccarsi il collo con una mano e con l'altra la gamba: questa è una posizione di grande sottomissione che va evitata assolutamente.

Ricorda, il linguaggio del corpo non ti garantisce la chiusura di un affare, ma ne aumenta notevolmente la riuscita.

Quando assumi posizioni corporee che mostrano sicurezza, come la power pose, diventi più sicuro e le tue parole più incisive. Un piccolo trucco che voglio svelarti è che la power pose funziona anche quando sei al telefono con un cliente. D'ora in poi, quando ricevi una telefonata di lavoro, anche se sei comodamente a casa tua, alzati e assumi la power pose: vedrai che la tua sicurezza sarà percepita anche dall'altro capo del telefono.

Ma andiamo a vedere quali altre tecniche bisogna utilizzare per essere convincenti attraverso il linguaggio del corpo.

Sii sempre consistente con il tuo linguaggio corporeo e con quello che dici; se le tue parole sono in conflitto con il tuo linguaggio del corpo, la persona che hai davanti farà fatica a recepire il tuo messaggio in modo chiaro, e non farai altro che confonderla. Le persone con le quali ci confrontiamo, a livello inconscio ascoltano più il nostro linguaggio non verbale che le cose che diciamo.

Utilizza espressioni facciali, braccia aperte e piccoli gesti che vadano a comunicare positivamente il messaggio che stai inviando.

Osserva te stesso! Ti sarà capitato, quando sei nervoso, di fare un sorriso teso. Ti consiglio di registrare te stesso, magari durante un breve talk o un'intervista, in modo da esaminare se il tuo linguaggio del corpo si abbina a quello che dici.

La regola principale per essere persuasivi è quella di essere genuini. Il linguaggio del corpo è più difficile da controllare delle parole. Quindi più sei autentico, più il tuo linguaggio corporeo sarà persuasivo.

Un'altra cosa da tener presente è il modo in cui ci vestiamo e ci presentiamo al cliente. Gli americani dicono *"Dress to impress!"*, ed è vero, la prima impressione la diamo proprio con la nostra apparenza. Il nostro abito, il modo in cui curiamo il nostro corpo e addirittura il profumo! Tutto gioca un ruolo importante nella comunicazione. Per esempio, quando vediamo una persona che indossa una cravatta e che cura il proprio aspetto, immediatamente le diamo "autorità" e automaticamente ci apriamo per darle fiducia.

Il "pacchetto totale" crea un buon venditore, non c'è nulla di peggio che trovarsi di fronte una persona che puzza di sudore, magari con la camicia al di fuori dei pantaloni e con un chilo di forfora sulle spalle! E non dirmi che non ti è mai capitato di incontrare persone del genere! Vedi, lo scopo di questo libro è proprio quello di darti la possibilità di creare questo "pacchetto completo", in modo che tu possa diventare un venditore di successo. Personalmente, lavoro molto con i miei spettacoli per grandi aziende e per persone di un certo livello sociale, e mi rendo conto che frequentando quel tipo di ambiente, il mio look deve rispecchiarlo; ecco perché i miei investimenti sono in abiti firmati, orologi e quant'altro. Se la tua apparenza rispecchia una persona di successo, le persone ti considerano come tale. Il tuo look ti precede nel rapporto, quindi non sottovalutarlo.

Altre cose da considerare quando utilizziamo il nostro linguaggio del corpo sono le seguenti:

1. Se sei un uomo, che vende a un altro uomo, non stargli di fronte, ma leggermente angolato. Questo evita di creare delle sensazioni di conflitto e ostilità. Lo stesso discorso vale anche da donna a donna. Se sei, invece, una donna che vende a un uomo, puoi tranquillamente stargli di fronte, in quanto vai a creare in questo modo un rapporto di fiducia e rispetto.

2. La stretta di mano è molto importante nella creazione del rapporto. Bisogna ricordare di usare la stessa pressione di chi ti dà la mano, questo andrà a creare immediatamente il *"mirroring"* con il tuo cliente.

3. Le mani sono importanti, non sottovalutarle! Utilizza le dita per specificare i punti del discorso, apri le mani per proiettare meglio le tue idee, ma senza esagerare, usale nel modo giusto. Essendo Italiani, abbiamo una gestualità innata, che da una parte ci aiuta, ma dall'altra, se usata in modo eccessivo, può anche dare fastidio.

4. Inizia con un sorriso. Il sorriso è una delle armi più efficaci che ti permettono di comunicare con le altre persone; comunica sicurezza e modestia e permette di costruire subito un rapporto con gli altri.

5. Annuisci. Se vuoi che le persone ti dicano di sì, devi fare in modo che annuiscano alle tue domande. Come fare? Innanzitutto, nel momento di una proposta, annuisci in modo molto leggero: questo andrà a condizionare inconsciamente chi ti sta di fronte.

Quando poi il tuo cliente comincerà a parlare, annuisci in modo più diretto; ciò gli farà capire che sei d'accordo con ciò che sta dicendo.

Come per magia, nel momento in cui parlerai, anche il tuo cliente comincerà ad annuire e questo sarà il momento opportuno in cui dovrai partire con la tua proposta di vendita.

6. Usa i piedi per indicare la persona verso la quale comunichi. Indicare con la posizione dei piedi chi ti sta di fronte è un segnale positivo. Questa è una tecnica classica che serve anche per conquistare il sesso opposto. Ma vale anche nei rapporti di lavoro, meeting aziendali, riunioni ecc. Se, per esempio, desideri che una persona scelga te al posto di un altro, durante un meeting, cerca di posizionarti frontalmente a questa persona e punta i piedi verso di lei, vedrai che inconsciamente andrai a influenzare la sua scelta. Questa è una tecnica che noi mentalisti usiamo spesso per far fare delle scelte agli spettatori che sembrano casuali, ma che in realtà non lo sono.

Prima di chiudere il discorso della postura persuasiva e del linguaggio del corpo per la vendita, vorrei espandere il concetto del *"mirroring"*, poiché credo sia molto importante, non solo nella creazione del rapporto, ma soprattutto a livello subliminale, per far sì che il nostro cliente veda in noi una persona di cui avere fiducia.

Bisogna tener presente che alle persone piacciono le altre a loro simili. L'idea di base del *mirroring* è quella di sapersi rapportare con la persona che si ha di fronte utilizzando lo stesso metodo di linguaggio.

Per esempio, se il tuo cliente ti sta parlando con un tono di voce basso e tranquillo, tu lo imiterai, in modo che lui entri subito in empatia. Noi siamo creati per stabilire empatia con le altre persone, quindi dobbiamo essere furbi e utilizzare queste tecniche per portare il cliente dalla nostra parte. I "neuroni empatici" o "neuroni a specchio" esistono proprio per farci stabilire una connessione con le altre persone a livello emozionale. Agiscono allo stesso modo, sia quando siamo noi a compiere un'azione, sia quando osserviamo l'altra persona fare una determinata azione. Il nostro cervello, infatti, reagisce per imitazione, in quanto vive l'azione di un altro come se fosse la nostra.

Un esempio classico è la situazione in cui notiamo qualcuno sbadigliare: automaticamente viene di farlo anche noi, non è così? Oppure, nel momento in cui vediamo qualcuno triste, entriamo subito "nei suoi panni" e sentiamo una sensazione di tristezza. Immagina come è potente la tecnica del mirroring se fatta nel modo giusto. Sfruttando le *"connessioni emozionali"* possiamo letteralmente "comandare" chi ci sta di fronte!

Per essere effettivo, il mirroring deve:
1. seguire una sequenza di gesti simile a chi ci sta di fronte;
2. usare la stessa velocità di comunicazione, quindi lenta o veloce;
3. imitare lo stesso tono di voce.
Esiste anche il *mirroring cinestetico*, tramite cui si ricalca il ritmo respiratorio.

Tutto questo porta immediatamente il cliente in sintonia con noi e gli fa provare una sensazione di "buona energia". Quante volte ti è capitato d'incontrare una persona e aver provato subito una sensazione positiva? In realtà quello che è accaduto è che l'altra persona è stata brava nel creare subito un rapporto con te!

Ricorda, per piacere agli altri devi fare in modo che le persone vedano in te il riflesso di loro stesse.

"Il nostro corpo cambia la nostra mente, la nostra mente cambia i nostri atteggiamenti e questi ultimi determinano la riuscita delle nostre intenzioni"

IL POTERE DELLA TONALITA'

Avendo parlato di postura persuasiva, mirroring e rapporto, non posso non parlarti di un altro fattore molto importante per la vendita persuasiva: mi riferisco al tono della tua voce. Infatti, sia al telefono che persona, le strategie che utilizzerai e i risultati che avrai saranno sempre gli stessi: userai le parole per influenzare la mente conscia e la tonalità della voce e la postura persuasiva per influenzare la mente inconscia del tuo cliente.

Come spiegato nel capitolo del mirroring, la voce ha un'importanza fondamentale per la creazione del rapporto, ma è grazie alla tonalità che invece possiamo influenzare i pensieri di chi ci ascolta, sia al telefono sia di persona.

Nel presentare il nostro prodotto o servizio, dobbiamo tenere ben presente il tipo di tonalità che abbiamo, in quanto, utilizzando delle specifiche inflessioni, possiamo muovere il cliente verso determinate decisioni. La chiave di un discorso perfetto è la modulazione.

Infatti, quando si interagisce con chi ci ascolta, il nostro discorso deve avere diversi tipi di modulazioni tonali. Voce alta, bassa, veloce, lenta, ecc. Questo discorso vale una volta che si è instaurato il mirroring con il cliente, in quanto si sarà in condizione di dominare il rapporto.

Per esempio, sussurrando alcune parole, si dà importanza alla frase. Quante volte ti è capitato che un venditore (bravo) ti abbia detto una frase del tipo: *"Mi ascolti, questa è una proposta che facciamo solo ai nostri migliori clienti"* bisbigliandola, quasi come se fosse una cosa segreta riservata a pochi? Questa è una tecnica potentissima per muovere il cliente a livello emozionale.

L'opposto invece si può creare con una tonalità vivace, dove si crea un'emozione di entusiasmo nella persona che ci ascolta. Se in un preciso momento del discorso, dove magari stai parlando dei benefici del tuo prodotto, utilizzi una tonalità entusiasta e vivace, creerai una sensazione di positività e fiducia, in quanto il tuo cliente penserà *"Se ne parla in modo così entusiasmante, significa che il prodotto è buono!"*. La tonalità vivace/entusiasta deve essere chiara e intensa, in modo da trasferire energia e positività in chi ci ascolta.

Devi tener presente che, nel momento in cui parli e in base al tono di voce che utilizzi, la persona che hai davanti o al telefono crea una serie di pensieri nella sua mente inconscia, una specie di "vocina interna" che dà un significato a quello che stai dicendo. Quindi, proprio grazie alla tonalità, si può far percepire a chi ci ascolta cose che in realtà non diciamo. Se ci pensi, questa è una tecnica potentissima, che va direttamente a influenzare il subconscio dell'interlocutore. Personalmente io la utilizzo molto nei miei spettacoli, poiché mi permette di far fare delle azioni specifiche al pubblico e di ottenere i risultati che desidero.

Ho individuato sette tonalità fondamentali che, se applicate al momento giusto, vanno ad aumentare la riuscita della vendita:

Tonalità Energetica

Questo è un tipo di tonalità da utilizzare nel momento in cui parliamo dei benefici che il nostro prodotto o servizio offre: devi trasmettere entusiasmo in ciò che dici.

Tonalità Sincera

Per utilizzare questo tipo di tonalità, devi immaginare di parlare a un amico che stai aiutando. Il tono è basso e molto intimo, come se provenisse dal tuo cuore.

Tonalità Sicura

Questa viene interpretata con tono deciso e, appunto, sicuro, con frasi che spiegano come quel prodotto o servizio abbia aiutato altre persone.

Tonalità Certa

Questa va utilizzata con una serie di parole dette in modo diretto, del tipo *"Ascolta, questo è il miglior corso che puoi seguire, in quanto va ad aumentare esponenzialmente il tuo successo di vendita"*. Quando usi questo tipo di tonalità devi essere convinto al 100% del prodotto che stai vendendo e conoscerne bene tutti i benefici, in modo da trasmettere fiducia al tuo cliente.

Tonalità di Scarsità

Questa è davvero un'arma potente. Viene utilizzata con delle frasi quasi sussurrate, magari avvicinandosi al cliente. Lo scopo di questa tonalità è quella di far capire al cliente che, se non approfitta subito dell'offerta, andrà a perdere un grande affare.

In frasi del tipo: *"Abbiamo solo tre posti disponibili per il corso a questo prezzo, poi una volta sold-out non sappiamo se ci sarà la stessa offerta in futuro..."* vai a usare tre elementi: la parte sussurrata, la tonalità di scarsità e l'informazione di scarsità. Un cocktail vincente che crea nella mente di ci ascolta il dubbio che, se non approfitta del momento, andrà a perdere un'occasione importante.

Tonalità Interrogativa

Questo è un tipo di tonalità che viene utilizzata soprattutto al telefono, per fare in modo di bloccare il dialogo interno di chi ci ascolta. Per esempio, quando chiamiamo un cliente, di solito introduciamo noi stessi e spieghiamo il motivo della telefonata. Se, invece, rendi la frase interrogativa, andrai a creare nella mente di chi ti ascolta un momento di "paralisi del pensiero". Ecco un esempio.

Telefonata normale: *"Buonasera sono Mario Rossi, chiamo da parte del B&B per presentarle la nostra offerta"*. Questo tipo di telefonata va a creare nelle mente di chi ci ascolta un dialogo interno del tipo: *"Ecco un altro dei soliti venditori!"*, andando immediatamente a concludere in modo negativo ogni nostro tentativo di vendita.

Se invece, dopo ogni singola frase, aggiungerai un punto di domanda, ecco cosa accade: *"Buonasera, sono Mario Rossi? Chiamo da parte del B&B? Per presentarle la nostra offerta?"* Hai visto che cosa succede? Trasformando la frase in modo interrogativo, crei nella mente inconscia di chi ascolta frasi del tipo: "Ma lo conosco? Ne abbiamo già parlato?" Ed è proprio questa la "paralisi mentale" che evita di formare nella mente del cliente delle frasi che possano agire contro di te.

Praticamente, grazie a questo tipo di tonalità, riesci a superare il primo ostacolo della chiamata, in quanto il cliente sarà più propenso a parlarti, anche solo per capire se già ti conosce o avete parlato prima. E questo grazie a un semplice punto di domanda! A questo punto, andrai subito a introdurre te stesso con una tonalità sicura convincente.

Tonalità Esclusiva

Con questa tonalità si vuole far provare al cliente la sensazione che ciò che gli si sta offrendo sia riservato a poche persone selezionate. Si può utilizzare in apertura del discorso di vendita con frasi del tipo: *"Ho deciso di chiamarla oggi, poiché ho selezionato un gruppo specifico per proporre un corso riservato soltanto a cinquanta persone, qualcosa di unico nel suo genere e che non è mai stato realizzato prima d'ora in Italia..."*. Devi usare il tono di voce che useresti per rivelare un segreto. Questo tipo di tonalità cattura subito l'interesse e va a creare, nel dialogo interiore del tuo cliente, la voglia di saperne di più.

Ed ecco svelati i sette segreti della tonalità. Ricorda, le tue parole influenzano le persone che ti ascoltano a livello logico, mentre la tua tonalità le influenza sul piano emozionale. Non solo, queste tecniche tonali possono bloccare quella "vocina interna" che il cliente usa contro di te nel momento della vendita. La tonalità è un'arma segreta proprio perché è un linguaggio non parlato e va ad influenzare il tuo cliente senza che lui se ne accorga.

IL YES SET

Ora voglio parlarti di un'altra tecnica molto importante che viene utilizzata sia dagli ipnotisti, sia da noi mentalisti: il "yes set". Essa consiste nel fare delle domande che assicurano una risposta affermativa, la quale indurrà il cliente a rispondere in modo positivo alle nostre proposte di vendita.

È stato scoperto, infatti, che se una persona risponde positivamente a sei o sette domande che inizialmente non sono in relazione alla decisione che voi volete prenda, ci sono molte più possibilità che essa prenderà la decisione per voi più importante, come l'acquisto del vostro prodotto o servizio. Prima, però, di entrare nei dettagli della tecnica, dobbiamo capire perché funziona. Si sa, tutti abbiamo una mente conscia e una inconscia, e quella conscia non è granché nel prendere delle decisioni, mentre la mente inconscia riesce a fare scelte molto complicate in frazioni di secondi.

Un esempio lampante sono le situazioni di pericolo, dove la mente inconscia ci fa agire senza pensare consapevolmente a ciò che dobbiamo fare.

Diverse ricerche hanno dimostrato che la mente conscia riesce a processare dalle cinque alle nove idee alla volta. Se, per esempio, voleste vendere un'auto e cominciaste a parlare immediatamente di tutte le caratteristiche del veicolo, senza prima instaurare un rapporto attraverso delle domande che saranno coerenti a creare una sequenza di risposte affermative, la persona che avremo davanti sarà confusa e ci darà una risposta negativa.

Ciò significa che l'auto dovremmo venderla alla mente inconscia, facendo sì che la persona sia portata, attraverso una sequenza di risposte positive, alla decisione finale.

La nostra mente è regolata dal principio della coerenza; ciò significa che le persone tendono a essere sempre coerenti con le loro decisioni: questa tecnica va a creare uno schema di coerenza continuo, che porta il cliente alla decisione finale, spesso positiva.

Il "yes set" è basato su uno schema ben preciso, che deve essere eseguito in base al risultato che si desidera. I punti da ricordare sono i seguenti:

1. Per accedere alla mente inconscia, dovrai portare il cliente a una sorta di "trance ipnotica", facendogli domande semplici, che sai avranno una risposta affermativa.

2. Sottolinea, attraverso una sequenza di domande, il fatto che sta rispondendo coerentemente alle sue decisioni passate.

3. Formula le domande in modo graduale; non partire subito con la domanda di vendita, perché questo attiverà la mente inconscia e creerà un blocco nei nostri riguardi.

Uno schema che puoi utilizzare, con le varie tecniche spiegate fino a ora, e incorporando il "yes set" potrebbe essere il seguente:

– Usa l'appropriato linguaggio del corpo per entrare in sintonia con chi ti sta di fronte.

– Crea il rapporto e usa le giuste tonalità.

– Chiedigli come sta (prima risposta affermativa).

–   Chiedigli di sedersi e di mettersi a proprio agio (seconda risposta affermativa)

–   Offrigli qualcosa da bere (anche in questo caso sei in una situazione di controllo)

–   Fagli confermare con un "si" che in questo colloquio gli andrai ad esporre un'offerta speciale dedicata a lui. (ricorda di usare la giusta tonalità, magari quella misteriosa)

Dopo questa prima fase, avrai già creato una sequenza di risposte affermative dopo cui sarà necessario parlare delle sue esigenze. Ricorda, devi basare la vendita su quello che lui cerca e non su quello che vuoi lui faccia. Anche se sei tu che vuoi proporgli un prodotto o servizio, fai in modo di girare il concetto sul beneficio che lui ne trarrà utilizzandolo.

A questo punto, fagli elencare le esigenze e i problemi che ha e che cerca di risolvere col tuo servizio. Dopo che hai scritto quali sono queste esigenze, fagliele mettere in elenco, partendo dalla più importante. Dopo aver fatto ciò, rileggigli tutte le esigenze/bisogni/problemi che lui ha elencato, ma in forma di domanda.

Per esempio, se lui ti ha detto che attraverso il tuo corso vuole aumentare del 50% il successo delle sue vendite, nel rileggere la frase dovrai dire: *"Quindi il risultato principale che cerchi di raggiungere col mio corso è quello di aumentare le vendite, giusto?"*, poi procedi con il resto dell'elenco. A questo punto, lui ti risponderà in modo affermativo a tutte le domande, proprio perché i bisogni li ha elencati lui!

Una volta che il tuo cliente ha risposto in modo affermativo alle tue domande, è il momento di passare all'azione e presentare il tuo prodotto. Questa sembra una tecnica molto semplice, ma non è utilizzata spesso dai venditori. Molti pensano che fare un sorriso e far finta di "coccolare" il cliente bastino a chiudere un affare. La gente non è stupida, e questo stile di vendita è ormai superato. Tu vuoi creare empatia a livello inconscio, vuoi parlare alla loro mente, alla parte del cervello che prende le decisioni, vuoi toccarli a livello emozionale, ed è proprio grazie a tutte queste tecniche, che diventerai un vero mago della vendita.

Parla alla mente inconscia..

ANCHORING PER LA VENDITA

In questa sezione voglio brevemente parlarti di una tecnica che, se implementata con tutto ciò che imparerai in questo libro, sarà sicuramente di grande aiuto. Mi riferisco all'*Anchoring* (Tecnica dell'Ancora). È sicuramente un argomento molto vasto, di cui puoi trovare molte informazioni nei vari testi di PNL, ma ciò che a me preme è come utilizzarlo, in modo semplice e veloce, nella fase della vendita.

L'Ancora, in breve, serve ad addestrare l'inconscio della persona che si ha di fronte a seguire un comando verbale attraverso la ripetizione di un'azione non verbale. L'Ancora può essere fatta di gesti, suoni, sguardi, profumi, praticamente qualsiasi cosa che va a stimolare un pensiero che determina una decisione.

Gli ipnotisti, ad esempio, utilizzano questa tecnica per creare delle sensazioni specifiche nei pazienti, e usano, dopo aver settato un'Ancora (vedremo tra poco come fare) frasi del genere: *"Nel momento in cui ti toccherò la spalla, sentirai una sensazione di benessere..."*. Facendo quest'affermazione, abbinata ad uno stimolo preciso (in questo caso il tocco sulla spalla), si andrà a ricevere in automatico una risposta positiva. Viene a crearsi un'aspettativa inconscia nel paziente, ossia che ogni volta che sarà toccato sulla spalla, proverà quella determinata sensazione.

Ma come possiamo utilizzare questa tecnica nella fase di vendita? La cosa più facile è creare delle Ancore, fatte di gesti e quant'altro, nel momento in cui l'interlocutore ci dà una risposta affermativa. Questo andrà a creare, nella sua mente inconscia, un legame tra ciò che hai fatto in modo non verbale (potrebbe essere toccare la penna, o aggiustare il colletto della camicia, ad esempio) e ciò che lui ha provato in quel momento (in questo caso, potrebbe essere stata una risposta affermativa nel momento della presentazione del prodotto).

Una tecnica classica dalla PNL è l'ancoraggio gestuale TU/IO. Essa consiste nell'accompagnare il Tu con un gesto riferito all'altra persona e l'Io con un gesto riferito a noi stessi. Durante il discorso, il gesto del Tu dovrà fare riferimento ad una persona che ha espresso un parere positivo in passato (magari un vecchio cliente), ma bisognerà indicare la persona che si ha di fronte. Per ipotesi, mettiamo che stai vendendo un'auto e, una volta che hai stabilito il TU/IO iniziale (magari chiedendogli se vuole un caffè), cominci a raccontare l'esperienza di un cliente, dicendo una cosa del genere: *"La scorsa settimana è venuto un cliente che ha scelto esattamente la stessa auto e si è trovato benissimo"*. Mentre parli, indichi la persona che hai di fronte con il gesto del Tu.

Questo andrà a creare, nell'inconscio dell'altra persona, un comando nascosto che lo porterà ad avere una risposta positiva ad una tua successiva proposta. Bisogna ricordare che per rendere effettivo l'ancoraggio è importante ripetere quanto più possibili i vari stimoli associati a determinati frasi, durante il discorso.

Questo, infatti, andrà ad intensificare l'effetto. Le chiavi principali dell'Ancora sono:

1. **Intensità dello stato** (nel momento in cui, ad esempio, il tuo cliente è nello stato positivo e risponde in modo positivo a ciò che stai dicendo);

2. **Unicità dello stimolo**, ossia del gesto particolare che vai ad effettuare. Mi raccomando, non usare un gesto comune, come ad esempio strofinarti le mani, ma qualcosa che possa attirare di più l'attenzione, come ad esempio aggiustarti il colletto, o addirittura schioccare le dita (in questo caso aggiungeresti anche un'Ancora sonora).

3. **Ripetizione dello stimolo.** Come ho spiegato, è importante che lo stimolo venga ripetuto spesso, durante il discorso, in modo che sia effettivo nel momento più importante, cioè quello della vendita vera e propria.

LA TRAPPOLA

Bene, ora che hai imparato tutte le tecniche principali su come usare il linguaggio verbale e non verbale durante una presentazione di vendita e hai stabilito il tuo target di pubblico, è il momento di cominciare a studiare le tecniche di vendita vera e propria, che ti consentiranno di aumentare considerevolmente, il successo delle tue vendite.

Io stesso ne faccio uso, quando parlo con i miei potenziali clienti per proporre i miei spettacoli, e con tutta sincerità ritengo che siano delle tecniche molto potenti e di grande impatto persuasivo. Fanne buon uso e ricorda che tutto ciò che apprendi può tranquillamente essere modificato in base al genere di cliente che hai di fronte: una volta acquisiti i concetti principali, avrai a disposizioni delle vere e proprie armi persuasive da utilizzare nel momento opportuno.

La prima tecnica di cui voglio parlarti l'ho chiamata *"la trappola"*. Infatti, quasi obbliga psicologicamente l'acquisto! La decisione del cliente, infatti, sarà orientata verso solo due alternative possibili.

Il famoso venditore Elmer Wheeler, diceva una cosa molto importante durante i suoi corsi: Non date mai la possibilità al cliente di decidere tra SI' e NO, ma solo tra SI' e Sì. Praticamente *"non chiedere Se, ma chiedi Quale"*.

Se ci pensi, questa è una tecnica assolutamente geniale; infatti il cliente ha l'illusione di poter scegliere, quando in realtà è condizionato da sole due alternative. Le regole principali per fare in modo di usare questa tecnica nel migliore dei modi sono due.

La prima è di non fare mai una domanda della quale non si può prevenire una risposta. Infatti, così facendo, rischi di dare la possibilità al cliente di rispondere negativamente. Quello che invece vuoi è pilotarlo su una risposta positiva, quindi per fare questo devi formulare la domanda sotto forma di scelta.

Un esempio potrebbe essere una cosa del tipo: *"le piace più questo modello o l'altro?"*. Come vedi, non sto chiedendo se quel determinato prodotto gli piace e basta, in quanto potrei ricevere una risposta negativa, piuttosto sto chiedendo quale preferisce: in questo modo terrò aperto il discorso e avrò comunque una risposta positiva.

La seconda regola è quella di fare una domanda, successiva a quella precedente, che possa far trovare al cliente qualcosa di positivo in quel determinato prodotto. Per esempio, una volta che il cliente ha detto che preferisce l'altro modello, tu aggiungerai: *"E cosa preferisce di più di questo modello?"*. A questo punto lui ti dirà le caratteristiche che lo hanno colpito maggiormente e nella sua mente si starà già formando il processo di acquisto!

Queste domande, infatti, fanno saltare il processo di decisione e creano, nell'inconscio, l'impegno di acquistare un determinato prodotto. Una tecnica molto semplice che garantisce ottimi risultati.

THE DOOR

The Door è una tecnica molto potente nel momento in cui abbiamo delle obiezioni da parte del nostro cliente. Essa consente di tornare sulla proposta di vendita, senza arrivare a una conclusione negativa; praticamente ci apre un'altra porta di possibilità, da qui il nome "The Door".
In una conversazione può capitare che il cliente ci sembri perplesso; questo lo si nota dal suo linguaggio corporeo e dalla mancata attenzione a quello che stiamo dicendo. Questo porta inesorabilmente alla tipica frase: "Non sono sicuro". Molti venditori, dopo questa risposta, tendono a spingere ancora di più, mostrando ancora una volta tutte le caratteristiche del prodotto, e questo non solo fa innervosire il cliente, ma lo mette in una situazione di stress, facendolo allontanare ancora di più.

Utilizzando questa tecnica, invece, con una semplice frase, sarai in grado di ritornare sull'argomento, in modo fluido e senza stressare il cliente. La frase che io normalmente uso è la seguente: *"Ti capisco benissimo Mario, non conoscendo il prodotto è ovvio che tu abbia delle insicurezze, ma, vendita a parte, cosa ne pensi?"*. Come vedi questa semplice domanda, riapre il discorso e ci dà la possibilità di continuare a parlare del prodotto. La risposta del cliente è solitamente: *"Sicuramente è qualcosa di utile"* (ovviamente dipende dal prodotto o servizio che state offrendo).

Ora, facendo l'esempio che stia vendendo un corso, la mia prossima frase sarà strutturata nel modo seguente: *"Infatti Mario, ed è proprio per questo che utilizzando questo servizio andrai ad aumentare notevolmente le tue capacità di interazione con gli altri. Vedi, l'unicità di questo corso sta proprio nella struttura a moduli online"*, e via dicendo. Come vedi, questa tecnica mi ha permesso di riaprire il discorso, in modo elegante, e senza premere il cliente sulla vendita. Ora ho altre opportunità di parlargli dei benefici del mio corso e quindi spingerlo all'acquisto finale.

Una cosa importante è che, dopo aver usato questa tecnica, bisogna poi ricevere delle continue risposte positive dal cliente, creando quello di cui abbiamo parlato prima, il YES SET. È fondamentale fermarsi ogni tanto durante il discorso facendo domande del tipo *"Allora Mario, vedi come questo punto è interessante, vero?"*. Dopo di ciò, bisognerà cercare di portare il cliente alla chiusura della vendita facendogli affermare cose ovvie.

In questo caso, si utilizza una frase scontata per portare il cliente a un discorso interiore basato su un'affermazione ovvia. Per esempio, potrei dire qualcosa del tipo: *"Mario, ascoltami, se nei mesi passati io fossi stato il tuo coach per il successo e ti avessi fatto realizzare dei progetti importanti, in questo momento non mi avresti mai detto che non sei sicuro, anzi, avresti immediatamente fatto l'iscrizione a questo nuovo corso, perché saresti sicuro di poter apprendere altre tecniche importanti da implementare nella tua vita, giusto?"*

Con questa domanda, gli sto facendo sviluppare un discorso interiore, e nello stesso tempo gli sto creando quello che tecnicamente si chiama *"trance ideosensoriale"*; praticamente gli sto facendo provare quello che avrebbe potuto avere, non solo avendo me come coach, ma anche usufruendo della mia proposta. Dopo una frase del genere è quasi inevitabile che il cliente risponda con frasi del tipo: *"Sì, effettivamente sarebbe stato così..."*.

La bellezza di questa tecnica è che ora il tuo cliente ha ammesso a se stesso che potenzialmente il tuo prodotto potrebbe portargli dei benefici. Ora sei in grado di fargli la proposta di vendita, elencando nuovamente i benefici e, ovviamente, facendogli anche delle offerte di pagamento consone alle sue possibilità.

Mi raccomando, parla sempre di "investimento" e non di prezzo (vedremo poi quali sono le parole da evitare in un altro capitolo del libro) nel momento in cui stai per chiudere il tuo affare. Nel caso il cliente continui a non essere sicuro della proposta, puoi fare solo tre cose:

1. Riaprire il discorso con una frase del tipo: *"Okay Mario, mi rendo conto che forse per te è un investimento troppo alto al momento, ma immagina quanti soldi in più potresti guadagnare utilizzando le tecniche di questo corso. Quello che spendi è in realtà una minima parte di quello che invece andrai a guadagnare."*

2. Lasciare al cliente delle informazioni e fargli presente che l'offerta, essendo riservata a pochi (ricorda di utilizzare la tonalità "esclusiva") avrà un tempo limitato (in questo caso usi la tonalità e il principio di scarsità).

3. Utilizzare la tecnica di *"amplificazione del dolore"* che andremo a vedere nel prossimo capitolo.

Come vedi, il segreto è riprendere le redini in mano e non farti demoralizzare da una risposta negativa. In questo libro hai a disposizione moltissime tecniche che puoi utilizzare in qualsiasi momento del discorso. Infatti, alcune volta basta un determinato atteggiamento e un tono diverso, per conquistare la fiducia del nostro cliente e riaprire la trattativa.

Se la persona che ti sta di fronte sente che sei onesto e che hai passione in quello che vuoi vendere, ti garantisco che le possibilità di successo sono molto alte. La vendita è un po' come una danza, devi essere bravo nel dirigere il tuo partner con i giusti passi, ma senza fargli capire che lo stai portando dove vuoi tu. Piuttosto, fagli sentire il bisogno e la necessità di utilizzare il tuo servizio, senza cui non avrebbe giovamento.

"La vendita è un po' come una danza, devi essere bravo nel dirigere il tuo partner ma senza fargli capire che lo stai portando dove vuoi tu..."

AMPLIFICARE IL "DOLORE"

All'interno del nostro cervello c'è una ghiandola chiamata amigdala, che gestisce le emozioni ed in particolar modo la paura. Nei momenti di pericolo, ad esempio, l'amigdala scatta immediatamente e invia segnali di emergenza al nostro cervello, che a sua volta stimola il rilascio degli ormoni che innescano la reazione di "combattimento o fuga".

L'amigdala è una sorta di archivio della *"memoria emozionale"* che compara un'esperienza corrente con qualcosa che è accaduto nel passato e ci fa reagire, in modo specifico, in base ad una determinata situazione. Sapendo come funziona questa parte del cervello, possiamo utilizzarla a nostro favore.

Spesso la paura di scegliere un prodotto che potrebbe non essere adatto è così forte, che il cliente preferisce non decidere affatto! Il cervello preferisce non decidere, piuttosto che prendere una decisione sbagliata. Ma come possiamo fare per invertire questo processo e, quindi, far diventare il "dolore" di non prendere una decisione maggiore del dolore di cambiare? In sintesi, quello che dobbiamo fare è creare un forte dolore nella mente del cliente, tale da fargli pensare che l'acquisto del nostro servizio è l'unico metodo per alleviarlo.

Nello stesso tempo in cui prendi informazioni dal cliente, cercando di capire quali sono i suoi bisogni, devi riuscire ad "amplificare il suo dolore" facendogli capire quanto svantaggio potrebbe avere non acquistando il tuo prodotto o servizio.

Ricorda che il "dolore" deve essere per lui lo stimolo di passare all'azione per risolvere il problema. Questa sensazione deve essere amplificata durante la tua presentazione, e non risolta nell'immediato.

Per esempio, se il cliente ti espone subito il problema, e tu gli dici che il tuo servizio lo risolverà immediatamente, non farai altro che tranquillizzarlo e porlo in una situazione di decisione sull'acquisto. Se, invece, amplifichi il suo problema, in modo graduale, durante tutta la presentazione del prodotto, lo terrai in tensione, facendogli fare dei discorsi interni, su come sarebbe disastroso per lui non acquistare il tuo servizio. Infatti, questa tecnica va a creare a livello del subconscio una sensazione di paura nel "perdere un'occasione" che potrebbe risolvergli il problema.

Le persone che vivono questo "dolore interno" tendono a passare immediatamente all'azione, quindi nel fare subito una scelta che sia positiva per loro. Per esempio, se io volessi vendere un mio Personal Success Coaching, nel momento in cui chiedo al cliente perché mi ha contattato, lui mi esporrà il suo problema, per esempio che non riesce a sbloccarsi mentalmente e non sa come pianificare i suoi obiettivi.

Ora, se io gli dicessi che con questo coaching personale risolverebbe subito i suoi problemi, lo farei rilassare, e per il resto della mia presentazione di vendita, invece di essere interessato all'acquisto, andrebbe in una situazione di "potere decisionale".

Se, invece, durante il mio discorso, gli dicessi frasi del tipo: *"Mario, so benissimo che quest'ultimo periodo è stato molto stressante per te, e parlandoti riesco a sentire perfettamente il tuo dolore...."*, e poi aggiungessi: *"Mario, non prendendo questa decisione oggi, immagina come saresti tra due o tre anni... Immagina quanto tempo sprecheresti, non avendo un sistema di pianificazione che possa darti la possibilità di muoverti in modo diretto verso il tuo obiettivo"*.

Come vedi, questa tecnica gli fa provare in anticipo quello che sarebbe il "dolore" nel caso non dovesse subito prendere una decisione. Questa è anche un'ottima tecnica, da utilizzare in congiunzione alla tecnica "the door" spiegata in questo libro, per aprire altre possibilità di vendita.

GENERARE ATTENZIONE

In una presentazione di vendita entrano in gioco diverse variabili, sia sociali sia tecniche. Se tutte queste variabili sono a tuo favore, vanno a generare attenzione, e quindi la riuscita della vendita.

Il primo scoglio da superare nel corso di una presentazione è l'ego del tuo cliente. Quante volte ti sarà capitato di presentare la tua idea a una persona e aver avuto la sensazione di sentirti piccolo e non ricevere la giusta attenzione. Il problema è che queste persone che hanno sempre a che fare con in venditori, specialmente i CEO delle aziende, ne vedono a decine ogni giorno, e quindi non è facile generare la giusta attenzione. Ci sono, però, dei trucchetti "da mentalista" che vanno a rompere dei "pattern" e quindi vanno a creare interesse.

La prima tecnica è quella della *"sorpresa"*, che consiste nel sorprendere il tuo cliente con azioni o discorsi che vanno a creare un momento di "shock". Per esempio, mettiamo il caso che hai un meeting con un cliente al quale devi proporre un servizio, vai in ufficio e appena lo incontri lui ti dice: *"Buongiorno, grazie per essere venuto, ho giusto 20 minuti, quindi vediamo di andare al sodo"*. Tu gli risponderai, in modo simpatico: *"Buongiorno a lei, io ne ho solo 15 di minuti..."*. Con questa semplice tecnica, gli avrai tolto il potere, e quindi avrai abbassato le sue difese, facendogli capire che tu sei un professionista e sei abituato a questo tipo di situazioni. Infatti il problema, con questo tipo di persone, è proprio il fatto che loro credono di essere al centro di tutto.

Se invece, al primo approccio, gli fai capire che sei uno tosto, andrai a generare immediatamente attenzione, facendo cadere subito le barriere dell'ego. Questo è solo uno degli esempi possibili; il concetto principale è quello di non cadere sotto il potere dell'altra persona, e quindi rispondere alle sue dimostrazioni di potere in un modo che lui non si aspetta.

Un'altra cosa da tenere in considerazione, per non perdere l'attenzione altrui, è il tempo della presentazione. Devi essere consapevole, quando il tuo cliente sta perdendo interesse, o si sta distraendo. Se vedi che questo accade, vai subito al punto importante, o piuttosto prendi una pausa e chiedi al tuo cliente di farti delle domande. Questo andrà a creare di nuovo interesse, e il discorso ripartirà da un altro punto di vista.

Un'altra tecnica interessante, per attirare l'attenzione durante una presentazione di vendita, è quella di creare una sorta di storia personale. Questo è molto importante, soprattutto se la vendita si basa su concetti che hanno a che fare con statistiche, numeri, e tutto ciò che è abbastanza "pesante" da digerire. Se, infatti, nel corso di una presentazione raccontiamo una storia, ciò farà subito tornare l'attenzione verso noi stessi. Il trucco, però, sta nel raccontare solo parte della storia e lasciare il finale alla fine della tua presentazione. Questo andrà a generare nell'interlocutore la curiosità di conoscerne la conclusione, e quindi la sua attenzione sarà massima.

Cerca di pensare a una tua storia personale, che potrebbe essere in qualche modo legata al servizio che vendi.

Per esempio, quando vendo il mio coaching personale parlo di una situazione che mi è accaduta, ovvero di quando tempo fa mi presentai in alcuni studi televisivi di un noto canale nazionale con un finto appuntamento per poi riuscire a ottenere un passaggio televisivo.

Ovviamente questa storia l'ho strutturata in modo che sia "spalmata" lungo tutta la proposta di vendita. Il messaggio contenuto in essa riguarda la potenza che ha la determinazione nel raggiungimento di un obiettivo. Questo concetto, espresso nel corso di una storia, genera una curiosità molto alta durante il mio discorso di vendita, e quindi molta più attenzione di quella che sarebbe scaturita dalla spiegazione dello stesso concetto in termini esclusivamente teorici.

Un'altra tecnica utile a generare attenzione è quella che ho chiamato *"pre-time-framing"* e che consiste nel dire all'inizio della presentazione quanto tempo essa durerà. Questo rilasserà chi ti ascolta e genererà automaticamente attenzione, poiché il cliente saprà che ha un tempo predefinito per ascoltare ciò che gli stai per proporre. Ricorda, la soglia di attenzione di una persona è molto breve, ecco perché deve essere sempre e continuamente stimolata tramite varie tecniche. Quindi, dire dall'inizio quanto durerà la tua presentazione di vendita è sicuramente di grande aiuto. Normalmente una buona presentazione deve durare circa venti minuti: nei primi cinque presenti te stesso e il concetto generale dell'idea. Negli altri dieci vai nello specifico (alternando, se puoi, momenti della tua storia personale) e negli ultimi cinque passi all'offerta vera e propria.

Considera sempre che devi calcolare del tempo per bloccare le eventuali obiezioni (tecnica *"the door"*) e tornare sulla proposta.

Ma vediamo nel dettaglio come gestire queste tempistiche:
1. Presenta te stesso e la tua idea. In questi primi cinque minuti devi elencare brevemente le tue collaborazioni e i tuoi successi, per poi introdurre il prodotto in modo diretto, con poche parole tramite cui ne elenchi i benefici e le qualità che lo differenziano dagli altri. Per esempio, per il mio Personal Success Coaching la formula potrebbe essere (dopo poche parole di presentazione): *"Per tutte quelle persone che non riescono a ottenere risultati concreti nella loro vita, il mio Personal Success Coaching Program crea un nuovo stato mentale, che fa diventare più determinati e focalizzati nella pianificazione dei propri obiettivi. I pacchetti offerti sono variabili in base alle richieste del cliente"*. Questa è una forma classica di presentazione, molto usata nel business. Come vedi, in poche righe si descrive il problema, il prodotto e la soluzione, per poi terminare con un'idea generale del pacchetto offerto (non il prezzo finale). Lo schema potrebbe essere strutturato nel seguente modo: Target del cliente; prodotto o servizio; problema e risoluzione. In base al prodotto si può aggiungere anche una voce di comparazione. Se tieni presente questo schema, avrai un potente mezzo di comunicazione per presentare in modo breve ed efficace il tuo prodotto.

2.   Nei prossimi dieci minuti dovrai presentare nei dettagli il tuo prodotto, utilizzando tutte le tecniche che hai imparato in questo libro. Quindi crea un rapporto, usa il linguaggio del corpo e, ovviamente, rispondi alle obiezioni utilizzando le tecniche spiegate in questo libro. Ricorda di inserire una breve storia, per rendere tutto più interessante e catturare l'attenzione del cliente.

3.   Negli ultimi cinque minuti si passerà alla vendita vera e propria. Una volta che hai capito i bisogni del cliente, potrai offrirgli il pacchetto che più si adatta alle sue esigenze.

4.   Tutte le tecniche che ti sto presentando in questo libro sono molto flessibili e devono servirti da riferimento in base alla condizione in cui ti trovi. Infatti, alcune volte ti potrà capitare un cliente che è subito predisposto all'acquisto, magari grazie alla tua reputazione o semplicemente perché il prodotto non ha bisogno di molte spiegazioni. Altre volte potrebbe succedere l'estremo opposto. È giusto, quindi, imparare tutto ciò che è contenuto in questo libro, in modo da utilizzare le giuste "armi" nella giusta situazione.

LE OBIEZIONI

In questa parte del libro esamineremo quelle che sono le obiezioni e le migliori risposte a esse. Innanzitutto bisogna tener presente che le obiezioni sono sempre queste:

1. *"Devo pensarci";*
2. *"Devo parlare con mia moglie"* (o con il mio capo);
3. *"Sono fuori budget";*
4. *"Costa troppo";*
5. *"Non ho tempo al momento";*
6. *"Mandami più informazioni e ti faccio sapere".*

Queste sono quelle più comuni, ma in generale il significato intrinseco è sempre identico. Per qual motivo il cliente pone obiezioni? Cosa lo ferma nel fare l'acquisto? Il mio studio da mentalista mi ha dato la possibilità di approfondire il motivo per cui la mente umana segue determinati pattern: se ci pensi, tutti reagiamo più o meno allo stesso modo. Ma qual è il vero motivo di un'obiezione? Cosa si nasconde dietro?

La scusa immediata è sempre quella del prezzo, infatti, dicendo così, i clienti sperano di bloccare subito la vendita, ma in realtà dietro quella scusa c'è ben altro.

Prima di scoprire quali sono le frasi persuasive da utilizzare per bloccare le obiezioni, bisogna capire quali sono le vere ragioni alla base di esse.

Sicuramente la prima è che il cliente non riesce a percepire il valore della tua offerta. Quindi, quando fai una vendita devi sempre tener presente di identificare le esigenze del cliente e come il tuo prodotto possa risolvere i suoi problemi.

La seconda ragione potrebbe essere quella che il tuo cliente crede di poter trovare il tuo prodotto da qualche altra parte a un prezzo inferiore. In questo caso, è sempre bene avere a disposizione una lista comparativa con i prodotti concorrenti sul mercato, in modo che tu possa dimostrare il valore della tua offerta. Magari il tuo cliente ha già trovato il tuo stesso prodotto da un'altra parte a un prezzo inferiore, quindi cosa fare? Solitamente, quando un prodotto simile ha un prezzo molto inferiore a quello presentato, è perché mancano alcuni servizi a supporto. Ovviamente anche il brand fa la differenza, quindi è importante far notare tutto questo al tuo cliente. Se un prodotto costa più di un altro apparentemente simile, ci sarà un motivo!

La terza ragione, ed è quella più ovvia, è che effettivamente il tuo cliente non ha soldi da poter spendere. In questo caso, però, probabilmente non hai fatto una giusta selezione del cliente. Infatti, prima di qualsiasi vendita, è importante puntare a una "nicchia" precisa e selezionare a monte i tuoi clienti, in modo da evitare di perdere del tempo prezioso.

Come vedi, dietro le obiezioni si nascondono motivi precisi, quindi, per far sì che questi vengano a galla, è importante che dopo un'obiezione si facciano delle domande specifiche, che possano far emergete le vere ragioni. Questo è importante, poiché facendo così si avranno più possibilità di concludere in modo positivo la vendita.

Andiamo però a vedere quali potrebbero essere le risposte utili a scatenare una reazione psicologica in chi ti ascolta.

Quando il cliente dice che il prodotto "costa troppo" o "è fuori budget":

Innanzitutto, durante il discorso di vendita, è importante far capire al cliente il valore dell'offerta, e che il prezzo è proporzionato al valore. È fondamentale che tu sia sicuro di te quando parli del prezzo. Quando vendo il mio personal coaching, io sono sicuro al 100% di ciò che sto proponendo e del mio valore, ed è proprio questa mia sicurezza che mi aiuta a chiudere le vendite.

Ci sono delle domande chiave che puoi fare, quando il cliente afferma che il prezzo è troppo alto.

1. È una questione di prezzo o di valore? Se non è di prezzo e neanche di valore, allora cosa non la convince?

2. Ci sono alternative più economiche sul mercato, perché si sta rivolgendo a me?

3. Perché pensa che la maggior parte delle persone acquista questo prodotto e non un altro?

4. Stai cercando un buon prezzo o dei migliori risultati? Desideri che il tuo problema si risolva nel migliore dei modi?

Con queste domande gli stai facendo capire il valore del tuo prodotto e che cosa otterrebbe grazie alla tua offerta, non con quella di altri. Se fosse fuori budget, potresti ad esempio dirgli che può rateizzare la somma. Fagli pure presente come spesso, per risparmiare, vengono spesi in realtà più soldi, poiché alla fine ci si rende conto che il prodotto in realtà valeva quel poco che si è speso.

Quando il cliente ti dice che ci deve pensare, o che deve parlare con la moglie/team, ecc.:

Lo scopo di una vendita è fare in modo che la conversazione rimanga sempre attiva e, come già spiegato in questo libro, dobbiamo esserne in controllo. Quando il cliente ci dà una risposta di questo tipo, solitamente le ragioni sono: non ha soldi (ma, in questo caso, non lo ammette); non vede il valore (potrebbe pensare *"Sì, il prodotto è carino, ma non riesco a capirne il valore"*); non ne vede l'urgenza (si chiede perché dovrebbe acquistare il tuo prodotto adesso).

La prima tecnica che voglio a spiegarti è il **"pre-framing"**; la uso da anni con molto successo e consiste nel mettere in chiaro, prima ancora del discorso di vendita (che sia dal vivo o al telefono), dei punti specifici. Dopo la mia introduzione al cliente, dico una frase del genere: *"Lo scopo di questo appuntamento, oggi, è vedere se riusciamo a creare una collaborazione. Alla fine della conversazione, ci sono tre cose che potrai dirmi. La prima è un bel "Sì", grazie a cui riuscirai a risolvere finalmente i tuoi problemi. La seconda è un "No", e va bene lo stesso, ci siamo comunque conosciuti e sai a chi rivolgerti in futuro. Un'altra cosa che potrai dirmi, che però ti chiedo di non fare, è "Devo pensarci". Sai, faccio questo lavoro da molti anni, e quando le persone mi dicono che "devono pensarci" in realtà quello che vogliono dire è "No". Quindi preferirei tu fossi chiaro con me. Facciamo questo accordo prima di iniziare?"*

Come vedi, con queste parole vado a inquadrare tutta la conversazione. Quindi alla fine sarà molto difficile per il cliente dire di no. Questo va a creare delle dinamiche psicologiche molto sottili, che eliminano la tensione dal discorso e allo stesso tempo rendono molto difficile dare una risposta negativa.

Se il cliente dovesse in qualche modo trovare una scusa e procedere con altre repliche, ricorda sempre di usare la tecnica del loop e capire esattamente da dove nasce l'obiezione.

Se, invece, non hai la possibilità di inquadrare prima il discorso e il tuo cliente dice: *"Perfetto, fammici pensare e poi ti contatto"*, non aver paura di essere diretto, poiché molte volte questa è una bugia, il cliente non ti richiamerà mai! In questo caso puoi rispondergli: *"Devo dirle una cosa... quando le persone mi danno una risposta come la sua, in realtà non intendono accettare la proposta. Capisco benissimo che lei vuole essere gentile ed educato, e lo apprezzo tanto, ma credo sia il caso di fare un passo indietro e farle un'altra domanda, poiché credo, che probabilmente, non mi sono spiegato abbastanza. Mi dica esattamente quello che cerca e farò il possibile per accontentarla. Sono sicuro che troveremo una soluzione"*.

Con questa frase si riesce a tornare uno step indietro, andando ad approfondire il problema e, quindi, capire cosa fare per esaudire i suoi bisogni.

Quando il cliente ti chiede di mandargli più informazioni:
Questa è la solita scusa per defilarsi e chiudere presto il discorso; spesso capita anche al telefono. Anche questo comportamento significa "No", quindi come fare per aggirare anche questo ostacolo? Quali sono le parole giuste? Considera che se il cliente è arrivato a chiederti questo, magari non è solo perché vuole subito chiudere il discorso, ma perché non gli hai dato le informazioni più idonee alla risoluzione del suo problema.

Se, come fanno altri, chiudi la telefonata e invii tutte le informazioni via email o, se sei di persona, torni a casa con la speranza che dopo aver inviato le informazioni il cliente ti ricontatterà... beh, mi spiace dirtelo, ma ciò non accadrà mai!

Un tipo di risposta che ho trovato molto utile è la seguente: *"Capisco che lei voglia più informazioni al riguardo, e sono felice di potergliele inviare, ma specificatamente quali informazioni ha bisogno che le invii?"*. A questo punto il cliente sarà quasi forzato a dirti di cosa ha bisogno. Tu, però, a un certo punto interrompilo e dì le seguenti parole: *"Ammettiamo che dopo che le ho inviato tutto il materiale che le serve, lei ha la conferma dell'eccellenza del prodotto. Sarebbe poi pronto a iniziare una collaborazione e a investire nel mio servizio? O forse il vero problema è il prezzo?"*. A questo punto, come vedi, hai messo di nuovo il tuo cliente con le spalle al muro, hai scoperto che il vero problema è il prezzo, e lui non potrà fare altro che confermartelo.

Ora è il momento di portare il cliente a decidere in che modo affrontare la spesa, con le opzioni che gli presenterai.

Nella presentazione di vendita, non devi mai far fuggire il tuo cliente. Ricorda che le sue sono solo scuse; in realtà il problema di base è il prezzo e la paura del cambiamento. Quando lo rassicurerai sotto questi due aspetti, ovviamente facendo vedere come il tuo prodotto gli risolverà il problema, avrai ottime possibilità di riuscita.

Un'altra cosa che può accadere durante una proposta di vendita è la volontà del cliente di conoscere subito il prezzo. Questo capita spesso, in quanto molti non sono interessati ai benefici, ma basano l'acquisto solo ed esclusivamente sul prezzo. Il problema è che se dici subito il prezzo, la trattativa è già finita! Hai praticamente perso il controllo della vendita, poiché non hai dedicato il giusto tempo a presentare il prodotto. Infatti, dicendo subito il prezzo, quello che potrai aspettarti è un "Sì" o "No" secco. A questo punto, cercherai di recuperare basando l'attenzione sul prezzo e non più sulla forza del tuo prodotto.

Nel momento in cui il cliente ti fa questa domanda, devi essere capace di dirigere la conversazione di nuovo sui valori del prodotto. Se vedi che insiste, gli puoi rispondere nel modo seguente: *"Il prezzo? Dipende...."*; a questo punto ti chiederà da cosa e tu gli risponderai che dipende da cosa esattamente sta cercando.

Grazie a questa tecnica, sarai in grado di tornare ai suoi bisogni, a ciò che cerca davvero.

Se, invece, questo accade alla fine della presentazione, dì pure il prezzo, ma non aspettare una risposta, aggiungi subito una domanda del tipo: *"Il prezzo del mio corso è di 5.000 euro, è un investimento che credi di poter fare per cambiare la tua vita?"*. Nella risposta, come vedi, ho anche inserito una "visione del futuro" che il cliente avrà investendo quel denaro.

Se, invece, dice che è fuori dal budget, puoi, come detto precedentemente, offrirgli diverse soluzioni di pagamento oppure un range di prezzi in base alla complessità del servizio.

Ricorda che devi essere sempre tu in controllo del processo di vendita: devi decidere tu quando rivelare il prezzo e in che punto della conversazione.

Ricevere delle obiezioni non è una cosa che ci fa piacere e, come ho spiegato sino ad ora, ci sono diverse tecniche che ti permettono di "raggirare" queste situazioni e tornare in controllo. Se riesci ancora prima della presentazione a fare in modo di minimizzare le obiezioni, sarebbe ancora meglio. Ecco infatti altre tecniche che vale la pena di considerare. Innanzitutto, se puoi, anticipa l'obiezione. Infatti è molto semplice fare una lista delle obiezioni che credi il tuo cliente possa avere durante la presentazione. In questo modo sarai preparato su come rispondere.

Un'altra cosa importante è che devi mostrarti preparato nel ricevere le obiezioni. Mi sono trovato spesso in situazioni dove, alle mie obiezioni, i venditori sono andati in panico!

Se dimostri di essere sicuro di te stesso e che hai esperienza sul campo, il cliente acquisterà immediatamente fiducia e abbasserà la guardia.

Ricorda sempre di rispondere alle domande con altre domande. Questo è fondamentale, perché lasci il discorso aperto a riesci a spostarlo dove vuoi tu.

Per esempio, se il cliente ti dovesse dire che non è convinto del prodotto, tu gli chiederai: *"Cosa esattamente non la convince?"*; se ti dovesse dire che è troppo caro, tu potresti rispondergli: *"Caro? Rispetto a quale altro prodotto simile?"*. E così via.

Guarda le obiezioni come opportunità per capire meglio i bisogni del cliente, e vedrai che chi ti sta di fronte capirà che non sei lì soltanto per vendere, ma per dimostrare come il tuo prodotto ha il valore giusto per risolvere i suoi problemi.

La mente umana segue sempre determinati pattern...

ANTICIPARE LE OBIEZIONI

Ho accennato a come sia importante anticipare le obiezioni, mi sembra quindi giusto parlarne in modo più approfondito. Conoscere le tecniche e preparare gli "script" per bloccare le obiezioni o raggirarle è sicuramente utile, ma è altrettanto importante riuscire ad anticiparle.

Se riesci ad anticipare i dubbi del tuo cliente prima ancora che li esprima o, addirittura, prima che lui possa solo pensarli, avrai maggiori possibilità di controllare le obiezioni. Facendo questo stabilirai credibilità e fiducia nei tuoi confronti, e non solo: diventando abile nel capire quali potrebbero essere i suoi problemi ed evidenziandoli, passerai in una posizione di potere e dominio nel discorso di vendita.

Anticipando le obiezioni, il cliente entrerà in uno stato mentale di rilassamento e gratitudine nei tuoi riguardi e apprezzerà il fatto che non sei il solito venditore che vuole a tutti i costi vendere un prodotto. Infatti, nell'immaginario collettivo c'è l'idea che il "venditore mente" e che omette alcuni dettagli importanti. Portando invece a galla questi dettagli, e dando anche una soluzione ad essi, sarai subito apprezzato dal tuo interlocutore.

Questo modo di essere diretto e onesto coglierà impreparato il tuo cliente e creerà un momento di "shock mentale" che gli farà abbassare la guardia.

Mi capita spesso di trovare dei venditori che usano questa tecnica in modo molto naturale, e questo mi fa subito entrare in sintonia con loro. Alcune settimane fa mi è accaduta una cosa che dà una migliore idea di ciò di cui sto parlando.

Ero in gioielleria per acquistare un orologio di un certo valore (ovviamente in questi casi il venditore, sapendo che spenderai una cifra importante, comincia a coccolarti in modo particolare, ma tralasciamo questo per un momento...). Ciò che mi ha veramente sorpreso è che io sono entrato in negozio con l'idea di acquistare un determinato modello, ma dopo aver parlato col proprietario del mio stile di vita, lui mi ha apertamente detto che quel tipo di orologio non era adatto a me, così me ne ha proposto un altro non solo più adatto ai miei gusti, ma anche più conveniente: costava ottocento euro in meno! Egli infatti mi ha elencato tutte le differenze tra i due modelli, facendomi effettivamente notare che quello più economico poteva essere usato in molte più occasioni di quello più caro.

Come potrai immaginare, non solo ho avuto immediatamente fiducia nel venditore, ma ho anche effettuato subito l'acquisto! Quindi l'onestà del venditore non solo mi ha portato a fare un acquisto più adatto alle mie esigenze, ma mi ha anche fatto risparmiare, generando la decisione di comprare l'orologio immediatamente.

Quando sei tu ad anticipare e risolvere le obiezioni, avrai sempre il controllo sul processo di vendita; eccoti un esempio:

– Mettiamo il caso che stai acquistando un orologio che al momento ha soltanto due scelte di quadranti disponibili, ma in futuro ne avrà altre. In questo caso io direi una cosa del genere: *"Sig. Rossi, so bene che i colori di questi quadranti potrebbero non corrispondere allo stile che cercava, ma le faccio presente che nei prossimi mesi ce ne saranno altri disponibili a edizione limitata. Visto che comunque l'orologio copre esattamente tutti i suoi bisogni, posso farle vedere sul catalogo i futuri stili, in modo che possa fare l'ordine prima ancora dell'uscita ufficiale e garantirsi non solo l'esclusività del prodotto, ma anche qualcosa che possa riflettere appieno il suo stile. Quale colore preferisce?"*.

Con questa frase, non solo ho bloccato l'obiezione prima ancora che la facesse il cliente, ma ho anche creato scarsità (edizione limitata) ed esclusività. Inoltre, ho chiuso l'intervento con una frase aperta, non dandogli possibilità di dire sì o no.

Ogni volta che fai una presentazione di vendita, tieni sempre presente tre step fondamentali:

1- Fai la lista delle varie obiezioni che il cliente potrebbe farti e guarda il prodotto dal punto di vista di chi lo acquista; così facendo sarai onesto in quello che dirai. Se necessario, fai delle comparazioni con altri prodotti simili.

2 – Dimostra come è possibile risolvere il problema

3 - Fai confermare allo stesso cliente, attraverso il "yes set" che effettivamente quello che gli stai dicendo, dopo aver posto il problema, è la soluzione giusta. Creando questi "mini accordi" durante la vendita, porterai il tuo cliente alla chiusura dell'affare.

Torniamo all'esempio dell'orologio; pur sapendo che a un certo punto dovrai presentare l'obiezione del colore del quadrante al cliente, gli farai prima dire tanti "sì" mentre lo prova, dicendo cose del tipo: *"Allora Sig. Rossi, lei cerca qualcosa di elegante che possa riflettere il suo status vero?... Ho questo Rolex che vorrei farle provare... Vede come il cinturino si chiude velocemente? Pratico, vero?"* ecc.

Insomma, creando tanti momenti di accordo, quando presenterai il problema e la sua risoluzione, il cliente sarà più portato a seguire lo stesso processo mentale di "accordo" che ha tenuto fino a quel momento.

Nel capitolo precedente ho spiegato come bloccare le obiezioni classiche ("Il prezzo è troppo alto", "Devo parlare con mia moglie", ecc.), ma è anche possibile anticiparle. Per esempio, ecco cosa dico quando presento il mio coaching personale sul successo: *"Sig. Rossi, molte persone pensano che il mio corso sia un po' caro e che potrebbero trovare delle alternative, addirittura online. Se le dimostrassi che il corso funziona e che risolve realmente il problema, capirebbe che non solo non è caro, ma forse vale più di quanto io chiedo."*

"Voglio mostrarle delle testimonianze di alcuni dei miei clienti, proprio per farle capire l'efficacia del mio coaching..."

"Con il mio coaching personale, lei apprenderà un sistema di pianificazione degli obiettivi che le farà risparmiare tempo, eliminando lo stress. Lavoreremo in modo pratico e le insegnerò come entrare in nuovo stato mentale positivo."

"Sig. Rossi, come ha visto il mio programma è molto più esteso di quello che offre la concorrenza, e il rapporto qualità-efficacia è assolutamente ineguagliabile. Si rende conto, quindi, che il prezzo non è in realtà così alto?"

Come vedi, in queste mie frasi ho anticipato l'obiezione; ho mostrato delle testimonianze; ho dato una risoluzione e, alla fine, basandomi su tutto quello che ho mostrato, ho fatto notare come in realtà il prezzo non è caro in relazione a tutto quello che il cliente riceverà dal mio programma di coaching.

Un esercizio che ti consiglio di provare è quello di scrivere alcune frasi strutturate in base alle obiezioni che il cliente potrebbe fare. Vedrai che, avendone diverse nel tuo arsenale, acquisterai più sicurezza nel rapporto con i clienti e nella gestione della vendita. Ricorda che nel bloccare e nell'anticipare le obiezioni, l'unico obiettivo è quello di abbassare le difese del cliente. Se percepisce che sei sincero, ti darà fiducia e si aprirà alla tua offerta.

PSICOLOGIA DELLA COMUNICAZIONE NON VERBALE DURANTE LE OBIEZIONI

Le obiezioni possono essere bloccate o anticipate non solo con il linguaggio, ma anche con il nostro atteggiamento. Come già spiegato in questo libro, il nostro linguaggio non verbale ha una grandissima importanza nella riuscita di una presentazione di vendita. In questo capitolo voglio elencarti i principali atteggiamenti da assumere per aumentare le possibilità di vendita.

Innanzitutto, ci sono quattro importanti fattori che devi gestire al meglio attraverso il tuo linguaggio non verbale, durante una presentazione di vendita:

1. presentare in modo convincente;
2. chiedere con la convinzione di avere un "sì";
3. aspettare la risposta con calma;
4. essere preparato alle obiezioni.

La presentazione di vendita deve essere fatta con un linguaggio del corpo deciso (vedi la Power Pose, spiegata in questo libro), il tutto accompagnato da un tono di voce giusto, espressioni facciali rilassate e un modo di vestire adeguato.

Saper chiedere è fondamentale, e se lo fai con la sicurezza che il tuo cliente ti dirà di "sì" è ancora meglio. Infatti, questo aiuta ad entrare nel giusto "mindset", dandoti più sicurezza e confidenza. Iniziare la presentazione con l'idea di ricevere una risposta positiva, rimuove i pensieri auto-limitanti che ci bloccano nel raggiungimento dell'obiettivo.

Ricorda che le tue emozioni influenzano quelle dei tuoi clienti. Se sentono che hai paura o sei sulla difensiva, saranno loro che andranno a determinare la riuscita della vendita. Devi essere sempre molto sicuro di te, anche quando il cliente cerca di scoraggiarti. Le tue risposte, la tonalità della voce, come già spiegato in questo libro, hanno un grande potere di convincimento.

Saper aspettare è un'altra cosa da tener sempre presente. Mi è capitato di formare dei venditori che parlano continuamente, cercando di spinger il cliente a comprare a tutti i costi, perché hanno paura di ricevere obiezioni. Il problema è che facendo in questo modo, non si fa altro che creare ostilità. Sapere aspettare, dopo aver formulato la nostra richiesta di acquisto, è molto importante. Resta in silenzio e aspetta la risposta del cliente, questo dimostrerà sicurezza e soprattutto rispetto verso chi ti sta di fronte.

Sii preparato alle obiezioni. Ti ho spiegato in questo libro come rispondere alle obiezioni o raggirarle e quindi rientrare nella proposta di vendita. Ricorda però, che le risposte che ti ho presentato in questo libro devono servirti da ispirazione, per poi essere in grado di studiarne altre più specifiche, destinate al prodotto o servizio che venderai. Non esistono gli "script" perfetti, l'importante è fare in modo di non chiudere mai la presentazione di vendita ed esserne sempre in controllo.

Per chiudere questo capitolo sulla psicologia del linguaggio non verbale durante una presentazione, voglio elencarti gli atteggiamenti che devi sempre tener presenti.

Da non fare:

- Parlare con un tono alto della voce o troppo velocemente.
- Tono della voce difensivo, nervoso e con pause inappropriate.
- Mani in tasca, o che gesticolano troppo.
- Toccarsi il viso o i capelli.
- Braccia incrociate, testa bassa.
- Dondolarsi stando in piedi, o peggio ancora su una sedia da ufficio.
- Postura tesa del corpo, espressione tesa del viso.

Da Fare:

- Parlare con un tono profondo e deciso.
- Avere delle pause appropriate nel discorso.
- Tono amichevole accompagnato da un sorriso.
- Dare la giusta enfasi a determinate parole.
- Utilizzare parole emozionali in determinati punti del discorso.
- Contatto visivo, soprattutto nel momento della proposta di vendita.
- Controllare il movimento delle mani e braccia, in modo calmo e rilassato.
- Postura eretta, rilassata e ferma sul posto.
- Stretta di mano decisa con abbinato contatto visivo.

Anche nelle frasi che diciamo, possiamo trasferire tensione e insicurezza, quindi bisogna stare molto attenti a come formularle. Eccoti alcuni esempi, che ti aiuteranno a capire che tipo di "psicologia del linguaggio" utilizzare per strutturare le tue frasi.

Da evitare (sia al telefono che dal vivo):
- *"Vorrei solo disturbarla per un attimo."*
Sostituire con: *"La ragione per la quale la contatto è..."*

- *"Mi stavo chiedendo se..."*
Sostituire con: *"Mi dica quando e dove..."*

- *"Mi libero per lei..."*
Sostituire con: *"Al momento ho questa giornata libera per incontrarci, altrimenti troviamone un'altra insieme in base ai nostri impegni."*

- *"Qual è il momento migliore per disturbarla?"*
Sostituire con: *"Mi trovo in zona dalle sue parti per quell'ora, che ne dice di un caffè, così le espongo da vicino il progetto? Ho a disposizione quindici minuti."*

- *"Come crede sia questo prodotto?"*
Sostituire con: *"Credo che, in base a quello che lei mi sta dicendo, questa potrebbe essere la soluzione ideale al suo problema".*

- *"Cosa ne pensa?"*
Sostituire con: *"Le mostro subito alcuni video testimonial, per farle capire quali sono i vantaggi nell'investire in questo corso".*

- *"Posso presentarle questo prodotto?"*
Sostituire con: *"In base ai suoi bisogni, ho il corso che fa per lei. Le mostro subito come può finalmente risolvere i suoi problemi in pochissimo tempo."*

Come vedi, questi sono soltanto alcuni esempi su come strutturare le frasi in modo persuasivo. Non devi mai sottovalutare il potere della parola, ecco perché è importante preparare prima della presentazione una sorta di "script" per curare tutte queste sottigliezze verbali e non verbali.

È un po' come fare uno spettacolo: quando si va in scena bisogna essere preparati sia su ciò che bisogna dire, sia sullo "staging" e quindi sul come muoversi in scena. Infatti, vendere è quasi come un'esibizione in pubblico, tu sei lì e, attraverso ciò che dici e il modo in cui ti muovi, devi convincere gli altri. Se in scena trasmetti insicurezza e tensione, il pubblico lo avvertirà e non riuscirai a comunicare.

Una presentazione di vendita è come uno spettacolo, e non devi mai farti rubare la scena dallo spettatore!

Be the star!

COME VENDERE AL TELEFONO

Abbiamo visto come vendere di persona e che tipo di linguaggio verbale e non verbale utilizzare. Molte persone, però, devono poter influenzare le scelte dei clienti anche attraverso il telefono. La maggior parte delle tecniche spiegate fino ad ora, riguardo al come rispondere alle obiezioni, è adattabile a queste situazioni; ma quali sono, nello specifico, quelle che ci aiutano nella vendita telefonica?

La prima regola fondamentale è questa: fai in modo che siano i clienti a chiamare te, e non viceversa!

Infatti, se ci pensi, quando sei tu a chiamarli, come fai a sapere se sono disponibili a parlare? Spesso non lo sono, e così facendo non faresti altro che innervosirli e partire col piede sbagliato, soprattutto se sono in un meeting importante. Se, invece, programmassi la chiamata in un orario specifico, facendo in modo che siano loro a chiamarti, avrai la loro completa attenzione.

Come fare in modo, quindi, che siano loro a chiamarti? Innanzitutto, se hai avuto una richiesta via email per un tuo prodotto o servizio, non fare l'errore di chiamare subito il cliente: rispondigli con una email, dicendo di chiamarti a un orario preciso. Questo farà capire già da subito che sei tu in controllo, e non il cliente. Questo, oltretutto, ti farà vedere quanto realmente è interessato al tuo servizio. Infatti, già il fatto di aver accettato di chiamarti come stabilito è un "micro accordo" che lui ha preso con te, facendoti superare il 50% delle difficoltà di vendita.

Se, invece, non hai ricevuto alcun contatto precedente via email e vuoi fare una telefonata a freddo, usa la "tonalità interrogativa", come già spiegato all'interno di questo libro. Una volta rotto il ghiaccio, ricorda di fare in modo di creare desiderio nella tua offerta, e se il cliente ti dà la possibilità di un incontro dal vivo, non dire "grazie", ma piuttosto congratulati con lui e digli che non vedi l'ora di iniziare una collaborazione. Ricorda che al telefono tutto è basato sulla voce e la tonalità, quindi non dare mai l'impressione di essere insistente o sottomesso. Sicurezza e confidenza devono trasparire dal tono della tua voce, facendo intendere che sei tu a fare una cortesia al cliente nel proporre un servizio che risolverà il suo problema.

Se, invece, hai l'occasione di parlare con un'assistente, presentati brevemente, creando curiosità, e cerca di organizzare una "meeting call".

Punti da ricordare quando sei al telefono:
1.   Quando un cliente ti chiama, o sei tu a chiamarlo, non parlare subito di cosa stai offrendo, ma capisci prima i suoi bisogni.
2.   Non giustificare il prezzo. Se hai deciso un costo specifico per il tuo servizio, fagli capire il valore che ha, magari comparandolo con altri servizi simili.
3.   Non sembrare disperato nel chiudere la vendita, ma fagli intendere che gli stai facendo un favore.

Ci sono delle espressioni chiave, che ho scoperto essere molto importanti, durante una telefona di vendita. Che siano di ispirazione per crearne anche altre:

1. Cosa posso fare per lei?
2. Di cosa si occupa la sua azienda? In che tipo di business si trova?
3. Cosa vuole ottenere attraverso il mio servizio?
4. Quali sono i suoi bisogni più immediati?
5. Qual'e il suo budget?
6. Vuole essere sicuro che la sua azienda ottenga il massimo dei risultati con il mio servizio?

E via dicendo... ricorda sempre di far sentire al tuo cliente che hai interesse in lui, ponendogli domande su di lui e la sua azienda. Devi vendere il valore e non il prezzo!

Al telefono è anche importante dare più spazio al cliente per parlare. Dal vivo il rapporto è più gestibile, perché puoi effettivamente vedere quando è il momento di intervenire, ma al telefono è più difficile. Cerca di volgere la conversazione più verso il cliente che su di te. Ponigli delle domande e fagli dire tutti i suoi bisogni: in questo modo lo coinvolgerai nel processo di vendita. Ciò che dici non ha la stessa importanza di ciò che dice il tuo cliente, quindi anche se capisci di cosa ha bisogno, fai in modo che te lo dica lui.

Facendo delle domande non solo capirai di cosa ha bisogno, ma scoprirai anche se il problema di base è il costo; in questo modo potrai utilizzare le tecniche spiegate in questo libro per raggirare quest'ostacolo.

Se hai anche solo una possibilità di chiudere un contratto al telefono, allora non finire la conversazione finché non hai provato tutte le tecniche utili a portare il cliente all'acquisto. Se è l'unica possibilità che hai, dovrai giocare bene le tue carte da "mago della vendita". Se il cliente dovesse dirti che vuole più informazioni, rispondi con una frase del genere: *"A cosa le servono queste informazioni? Una volta che ha capito che il mio servizio è adatto a lei, avremmo possibilità di risentirci?"*. A questo punto, se gli interessa il servizio dovrà richiamarti, quindi la tua risposta sarà: *"Allora facciamo così, le invio una piccola proposta di accordo, dove vado ad elencarle tutte le cose che ci siamo detti e i servizi che le offro per risolvere il suo problema definitivamente. In allegato troverà anche le informazioni di pagamento per quando avrà deciso. Va bene?"*

A questo punto, le cose che possono accadere sono due: la prima è che la telefonata viene chiusa lì e avrai la possibilità di spedirgli un piccolo contratto di accordo con tutte le caratteristiche dettagliate del prodotto o servizio. La seconda, invece, è che lui si sentirà oppresso e ti dirà che vuole pensarci. A questo punto dovrai rispondere come già spiegato precedentemente in questo libro, con una frase del tipo: *"Capisco benissimo, vede, quando le persone dicono che vogliono pensarci è perché in realtà il vero problema è il prezzo, giusto? Guardi facciamo così, mi dica il suo budget e vediamo di venirci incontro"*. Così lo avrai di nuovo messo con le spalle al muro, il discorso avrà possibilità di riaprirsi, e quindi ci sarà un'altra opportunità di vendita.

Per riassumere, ecco i tipi di domande da tenere a mente quando sei al telefono:

1. **Domande aperte** (non fare mai domande che possono avere come risposta un SÌ o NO);

2. **Domande di scelte multiple** (dando più possibilità di scelta al cliente è meglio che fargli dire sì o di no riguardo una sola cosa);

3. **Domande rimbalzate** del tipo *"Lei dice che il prezzo è troppo alto, quindi perché ha scelto me e non altri?"*

4. **Rispondere ad una domanda con una domanda**, per tenere il discorso aperto

5. **Domande con "shock"**. Per esempio se ti dovessero chiedere quanto costa, puoi dire: "non lo so". Il cliente si sentirà confuso da questa tua risposta e ti chiederà cosa intendi. Tu prontamente, gli dirai che non lo sai perché vuoi prima sapere di cosa realmente lui ha bisogno. Questo va a creare nella mente del tuo ascoltatore un bisogno nei tuoi confronti. Ricorda le domande shock si basano sempre su una risposta improvvisa che il tuo cliente non si aspetterebbe durante una conversazione.

Un'altra cosa che devi considerare quando fai telefonate a freddo è il cosiddetto **"Elevator Pitch"**, cioè la frase che presenta la tua azienda o il tuo servizio privato. Spesso mi è capitato di ricevere delle telefonate di venditori che, come presentazione, usano frasi lunghissime: questo va a diminuire l'attenzione e l'*engagement* in chi ascolta.

Di seguito ti mostro un esempio tipico di telefonata, con le possibili obiezioni e le soluzioni a esse, e la presentazione iniziale corretta (dovrai ovviamente modificare il testo in base alla tua proposta):

"Buongiorno, potrei parlare con Mario Rossi? Sono Luca Volpe"

Come vedi, in questa frase ho dato la sensazione di conoscere già Mario Rossi. Se aprissi dicendo subito che voglio vendere qualcosa, potrei avere già il primo ostacolo.

Se è direttamente Mario Rossi a rispondere, ecco come procedere:

"Buongiorno Sig. Rossi, mi chiamo Luca Volpe? Il mentalista? Come va oggi? Sono specializzato nel formare team aziendali in tecniche di vendita persuasive. Ho formato più di 10.000 venditori negli ultimi anni, i quali hanno portato un notevole aumento nel fatturato aziendale. Ha già fatto questo tipo di formazione ai suoi venditori? Quando sarebbe il momento migliore per fissare un appuntamento? Avrei degli spazi la prossima settimana."

In questa frase ho inserito alcune tecniche molto importanti; innanzitutto ho utilizzato la "tonalità interrogativa", dove alla fine delle frasi iniziali ho inserito il punto di domanda. In questo modo il cliente si sta chiedendo se ha parlato già con me tempo addietro oppure no. Successivamente ho fatto una breve presentazione, facendo presente i valori che il mio servizio offre, poi sono andato diretto al punto e ho inserito due domande: la prima va immediatamente a sondare i bisogni del cliente, mentre la seconda dà quasi per scontato che andremo a fissare un appuntamento.

Prima di vedere le risposte del cliente, capiamo cosa succederebbe se, invece di rispondere lui, lo facesse la sua segretaria:

"Salve, in questo momento Mario Rossi è occupato, può dire a me?" A questo punto evita di dire alla segretaria della tua offerta. Questo è il più grande errore che si possa fare.

Piuttosto, rispondile in questo modo:

"Se possibile, dovrei parlare direttamente con lui. Può per cortesia dirmi qual è il momento migliore per chiamare? Le sarei molto grato."

Con la mia risposta ho raggirato il primo ostacolo. A questo punto ci sono due cose che la segretaria potrà dire:

"Guardi, provi a chiamare tra un'ora, nel frattempo le dico che lo cerca..." Questa è una buona risposta, poiché ora il Sig. Rossi saprà che lo stai cercando, e non avendo specificato per cosa, la sua mente andrà in "search mode"; praticamente comincerà a chiedersi se già ha parlato con te oppure no, e questo genererà in lui curiosità e ti darà la possibilità di parlargli successivamente.

La seconda risposta che potresti avere dalla sua segretaria potrebbe essere:

"Ora il Sig. Rossi è occupato, potrebbe magari mandare una mail per spiegare meglio di cosa si tratta?"

Se chiudi la telefonata e invii l'email, sai bene che avrai poche possibilità di avere una risposta; la cosa migliore, in questi casi, è insistere nell'avere l'appuntamento telefonico con l'interessato. Ecco alcuni modi in cui puoi rispondere.

Risposta 1:

"Ho già inviato un'email in passato, ma probabilmente è andata a finire nella cartella dello spam. Potrebbe per favore avvisarlo che ho chiamato e dirmi a che ora posso fissare un appuntamento? Grazie."

Risposta 2:

"Mi farebbe piacere inviargli una email, ma dovrei sapere da lui di cosa esattamente ha bisogno, in quanto il mio servizio è molto specifico. Se lo avvisa che ho chiamato, così da riservarmi dieci minuti nella giornata, le sarei grato."

Risposta 3:

"Capisco, ma questa è una cosa piuttosto importante che bisogna discutere a voce. Se lo avvisa che ho chiamato mi farebbe una grande cortesia. Mi dica quando posso richiamare, così da parlare direttamente con lui, grazie."

Come vedi, con queste tre semplici risposte abbiamo raggirato l'ostacolo email, insistendo sull'appuntamento telefonico. Nel caso la segretaria dovesse dire che il Sig. Rossi non prende appuntamenti personali, dille di passarti colui che prende decisioni al posto suo. Infatti, può capitare che alcuni manager abbiano dei "decision maker" che parlano direttamente con in venditori. In questo caso, fissa l'appuntamento con chi di dovere e procedi nella tua telefonata di vendita, esattamente come se lo stessi facendo con la persona con cui volevi parlare.

Ora che abbiamo superato l'ostacolo della segretaria, vediamo come procedere con la telefonata una volta che ci siamo presentati al Sig. Rossi. Tieni presente che alcune volte, e soprattutto al telefono, non puoi fare il "pre-framing" come spiegato nella sezione di questo libro dedicato alle obiezioni, in quanto, essendo una telefonata a freddo e non sapendo se parlerai con la persona giusta, devi essere preparato ad altre obiezioni, del tipo "Non mi interessa".

Questa è la tipica risposta che ricevi quando fai questo tipo di telefonate. La cosa positiva, però, è che avendo utilizzato la forma interrogativa nel momento in cui ci si è introdotti al cliente, si hanno alcuni secondi di pausa che ci permettono di entrare subito nel discorso, prima che il cliente ci fermi con la frase "Non mi interessa". Supponiamo che, però, dopo aver ascoltato la tua introduzione, il cliente ti risponda in questo modo; ecco come potresti ribattere:

"Sig. Rossi, la capisco benissimo, ovviamente starà pensando che questa è la solita telefonata di vendita. Quello che però voglio chiederle è: ha mai pensato di far fare ai suoi dipendenti un training di vendita persuasiva? Cosa ne pensa dell'idea?"

In questa risposta ho inserito alcune delle tecniche spiegate precedentemente nel libro, in modo tale che si possa aprire ancora una volta il discorso; infatti, così facendo, porto il cliente a rispondere a quella domanda specifica. Ora vediamo cosa lui potrebbe rispondere e come procedere poi con il discorso di vendita.

Risposta:

"L'idea sembra interessante, ma al momento non ne abbiamo bisogno..."

Ecco come risponderei:

"Capisco, quando è stata l'ultima volta che ha avuto bisogno di un corso per i suoi venditori?"

Lui potrebbe rispondere:

"Veramente non l'abbiamo mai fatto un corso del genere..."

A questo punto risponderei:

"Infatti è proprio questo il punto. Immagini come sarebbe vedere i suoi venditori più motivati nella vendita, con delle nuove armi di persuasione che incrementeranno il fatturato notevolmente. Lei sa bene che con il tempo, chi vende, tende a perdere la passione per questo lavoro, che diventa quasi meccanico. Viene a mancare l'entusiasmo, la capacità di comunicazione e lei non vorrebbe che questo accadesse, vero?"

Con questa mia risposta, gli ho fatto provare il "dolore" di come sarebbe avere dei venditori non più motivati, facendogli anche immaginare cosa questo significherebbe per la sua azienda. A questo punto, di solito, la risposta del cliente è questa: *"Effettivamente, non sarebbe bello avere dei venditori non motivati"*. Dopo questa affermazione cercherei di prendere appuntamento, con una frase del genere: *"Allora facciamo così, il prossimo martedì sono dalle sue parti, se mi dà quindici minuti del suo tempo, le mostro quello che posso fare per i suoi venditori, ovviamente senza impegno.*

Questo è un servizio esclusivo che solo aziende di un certo livello adottano per i loro venditori, e per questo ci tengo molto che lei ne venga a conoscenza. Che orario preferisce?".

Come vedi, in questa frase sono passato subito all'appuntamento e ho utilizzato delle parole persuasive molto forti, come "esclusivo" e "aziende di un certo livello", in modo da fargli pensare: *"Ehi, ma noi siamo un' azienda di un certo livello!"*. Infine chiudo con una domanda aperta, infatti non chiedo se vogliamo vederci, ma a che ora preferisce che ci vediamo!

Ora voglio darti ancora altri esempi di possibili obiezioni durante la telefonata: *"Non ho tempo"* , *"Stiamo bene così al momento"*, oppure *"Mandami una email, così ci penso"*.

Mettiamo il caso che, dopo aver chiesto a che ora vuole incontrarti, lui continua a cercare di chiudere la telefonata, dicendo che non ha tempo. Un esempio di risposta che potresti dargli potrebbe essere la seguente: *"Capisco, al giorno d'oggi non è facile trovare tempo. Facciamo così: perché non mi passa un suo stretto collaboratore, in modo che possa fissare un appuntamento con lui? In questo modo lei si toglierà il problema di aggiungere un altro appuntamento in calendario e in più avrà qualcuno del suo team che le saprà spiegare e mostrare tutti i miei servizi. Se mi lascia il numero lo contatto subito. Grazie per la sua comprensione"*.

In questa frase ho ottenuto due cose importanti: ho tenuto ancora aperto il discorso e ricevuto il contatto di un suo collaboratore, inoltre ho chiuso in modo molto educato, ringraziandolo ancora prima che mi fornisse il contatto, praticamente quasi obbligandolo a farlo!

Se, invece, dovesse dirti che sta bene così al momento, una risposta adeguata sarebbe: *"La capisco, ma se ha detto che non ha mai fatto fare un corso di persuasione di vendita ai suoi dipendenti, come fa a capire se effettivamente questo potrebbe portare dei benefici alle sue vendite? Capisco benissimo che i cambiamenti possono portare stress, ma le garantisco che lo stress è proprio l'ultimo dei suoi problemi. Nei corsi lei non dovrà fare nulla, mi occuperei io personalmente delle date e gli appuntamenti; lei dovrà solo farmi affiancare da un suo collaboratore. Facciamo così, stabiliamo un giorno dove possiamo incontrarci, così le do una breve dimostrazione di quanto sono efficaci le tecniche che insegno nei miei corsi, okay? Che giorno preferisce?"*. Come vedi, in questa frase ho riaperto ancora una volta il discorso, facendogli anche capire che non dovrà preoccuparsi dell'organizzazione. Infatti, spesso le obiezioni vengono anche dalla paura del cambiamento; quindi, non appena puoi, mettilo a proprio agio sotto questo aspetto.

Un'ultima risposta che potresti ricevere (a parte le altre che abbiamo già coperto nel capitolo delle obiezioni) è quella di mandargli le informazioni via email. Puoi rispondergli come già spiegato precedentemente nel libro oppure, proseguendo con questo esempio specifico, in altri due modi utili.

Risposta 1:

"Sig. Rossi, sarei felice di inviarle l'email, ma una volta vista la mia brochure sui corsi, avrebbe più domande e questo andrebbe a confonderla ancora di più. Facciamo una cosa: le chiedo alcune cose sulla sua azienda, così posso meglio dirle al telefono cosa sono capace di offrire e posso farle una proposta tailor made e mandargliela via email, okay?"

Con questa risposta avrai la possibilità di entrare più nel discorso e capire meglio i suoi bisogni. Molto spesso non dovrai neanche più mandargli l'email. Se sei stato convincente, potrai passare direttamente alla chiusura dell'accordo o prendere un appuntamento dal vivo.

Risposta 2:

"Sig. Rossi, ho un'idea migliore. Invece di mandarle una email, con il rischio di farle perdere ulteriore tempo, preferisco farle un paio di domande così da capire come posso effettivamente strutturare il corso per i suoi dipendenti. Vede, per me è di primaria importanza studiare una proposta specifica ed esclusiva per ogni cliente. Mi dica piuttosto, qual è l'obiettivo annuale della sua azienda?"

Con questa risposta salto direttamente il problema email, e tengo il discorso aperto con un'altra domanda. Inoltre, faccio capire che il mio è un servizio esclusivo e creato in modo specifico per ogni azienda.

Se il cliente ti chiede di dargli più informazioni al telefono, ovviamente dovrai dargliele, ma, come già spiegato, cerca bene di capire prima quali sono i suoi reali bisogni per fagli capire il valore della tua offerta.

Alla fine della proposta, se vedi che il cliente è ben disposto, inviagli una proposta di acquisto. La differenza tra un "pre-contratto" e un PDF esplicativo è importante. Sono proprio questi "micro accordi" continui (ricorda il YES SET di cui abbiamo parlato) che portano psicologicamente all'acquisto finale. Ricorda sempre di inserire molte testimonianze riguardo al tuo lavoro. Infatti la gente è molto influenzata da cosa fanno gli altri e la "riprova sociale" è uno dei più importanti metodi di persuasione.

Quando sei al telefono non dimenticare di stare in piedi con la schiena dritta e il sorriso sulle labbra...

LA PAURA DI CHIAMARE A FREDDO

Non potevo chiudere la sezione dedicata alla vendita persuasiva al telefono non parlandoti dell'aspetto psicologico che viene a crearsi durante le cosiddette "telefonate a freddo", dove devi chiamare un cliente con cui non hai mai avuto a che fare prima e vendergli il tuo prodotto.

Sicuramente, oltre che mettere in pratica tutti i consigli che ti ho dato sulla tonalità della voce e le tecniche per essere in controllo della vendita, devi innanzitutto entrare nel giusto "mindset" e superare la "paura" della telefonata. Per fare questo ci sono sette step sui quali devi lavorare, che ti permetteranno di raggiungere il giusto stato mentale.

1. **Credi in ciò che vendi.** Prima di fare qualsiasi telefonata di vendita, devi credere veramente in ciò che vendi. Questo non solo ti renderà più sicuro, ma sarà percepito dal cliente.

2. **Visualizza la telefonata prima di farla.** Ogni volta che chiamo un cliente per proporre i miei servizi, faccio prima una specie di visualizzazione positiva di quello che sarà il risultato della mia chiamata. Prima di telefonare, chiudo gli occhi, faccio tre respiri profondi e comincio a immaginare esattamente come andrà la telefonata, con quello che dirà il cliente, le mie risposte, ecc... praticamente creo un "film del futuro" di quello che accadrà, immaginando anche il risultato positivo finale della telefonata.

Questa tecnica specifica di meditazione l'ho chiamata "Meditazione Motivazionale" e la spiego durante i miei coaching privati in modo avanzato.

3. **Identifica le tue paure.** Ciò che ci blocca nel fare le telefonate a freddo sono le nostre paure, come ad esempio quella di essere rifiutati. Quello che ti consiglio di fare è di preparare una lista di frasi che hai paura di sentirti dire al telefono e le rispettive risposte. In questo libro ti ho già dato diversi spunti, ma nessuno meglio di te sa quali siano le tue paure, quindi dai una forma fisica al tuo pensiero scrivendo tutte queste paure e preparati ad affrontarle.

4. **Credi in te stesso.** Oltre che credere nel tuo prodotto, devi innanzitutto credere in te stesso; la sicurezza traspare anche dalla voce, quindi studia bene tutti gli esercizi di tonalità persuasiva e mettili in atto!

5. **Ascoltati.** Registrare le telefonate è di grande aiuto, infatti risentirti ti aiuterà a capire come e dove hai sbagliato.

6. **Il problema non sei tu.** Ricorda che se il cliente rifiuta un tuo prodotto, non vuol dire che rifiuta te come persona. Spesso ci facciamo coinvolgere talmente tanto da quello che vendiamo, che vediamo il rifiuto come una cosa personale. Impara a dividere le due cose e vedrai che, facendo questo, acquisterai più sicurezza.

7. **Preparati uno script di base.** È cosa buona avere un testo preparato da usare al telefono, ovviamente senza far capire a chi ci ascolta che stiamo leggendo! Tienilo come canovaccio e cambialo in base alle risposte e alle esigenze del cliente. Vedrai che con il tempo non ne avrai neanche più bisogno.

Quando parli al telefono devi essere focalizzato al 100% sul tuo cliente, metti da parte tutte le incertezze e le paure e non farti intimidire da ciò che potrebbe dirti. Immagina di dare un consiglio ad un amico, interagisci e, soprattutto, ascolta!

Fagli delle domande, e cerca sempre di fargli capire che lo stai chiamando per risolvere davvero il suo problema. Tieni anche in considerazione gli orari di chiamata, quindi non farlo di mattina presto o di sera tardi. Il momento migliore è subito dopo pranzo, poiché le persone sono più rilassate e non prese da troppe cose da fare, mentre se chiami dopo le diciassette, puoi invece trovarle stanche e indifferenti.

Cura la dizione e parla con un tono di voce basso e deciso; questo ti aiuterà a stare calmo. Se parli con una tonalità acuta, andrai a trasferire ansia in chi ti ascolta.

Prima di telefonare, fai anche una lista di possibili domande che il tuo cliente potrebbe farti, così non solo sarai preparato sulle risposte, ma anche sul bloccare specifiche obiezioni. Un'altra cosa importante è quella di non iniziare la telefonata con il classico "Mi scusi", poiché denoterà debolezza e ti farà immediatamente perdere il controllo della vendita.

Se seguirai attentamente tutti questi consigli, in breve tempo riuscirai a diventare un vero mago della vendita!

"Il successo arriva quando l'opportunità incontra la preparazione..."
- Zig Ziglar

PAROLE PER CONVINCERE

In questo libro ho spiegato tutte le tecniche che ti trasformeranno in un vero e proprio "mentalista persuasivo", ma c'è un altro fattore che devi tener presente, e mi riferisco all'uso di determinate parole che, se utilizzate nel modo giusto, ti garantiranno un'alta percentuale di efficacia persuasiva.

Cominciamo subito col dire che quando parli con un cliente, devi sempre chiamarlo per nome. Questo ti aiuterà a creare un rapporto e gli farà abbassare le barriere nei tuoi confronti.
Se ne hai la possibilità, utilizza la parola "perché". Come congiunzione è molto efficace, poiché stimola la motivazione nell'ascoltatore di voler ascoltare quanto gli si proporrà. Impara anche a creare una prospettiva ideale nell'utilizzare il tuo prodotto o servizio utilizzando la parola "immagina". Essa aiuterà il cliente a vivere una situazione immaginaria, come se fosse già accaduta.

Non dobbiamo pensare solo alle nostre parole persuasive, ma anche a quelle che dice il nostro cliente, in modo da riutilizzarle in un modo che lui decifrerà con positività.
Per esempio, se lui ti dice che ha un "problema", e questa sappiamo che è una parola negativa, dovrai sostituirla subito creando una frase del tipo: *"Bene, allora quale SOLUZIONE possiamo trovare per sistemare questa situazione?"*

In questa frase ho utilizzato due parole persuasive molto importanti che sono "soluzione" e "sistemare": entrambe danno un senso di sicurezza.

Le regole per creare delle frasi persuasive sono molto semplici da ricordare:

1. **utilizza sempre il nome del cliente;**
2. **crea motivazione e curiosità;**
3. **fai immedesimare il cliente una situazione come se l'avesse già vissuta.**
4. **sostituisci le parole negative con altre che danno sicurezza e positività.**

Di parole persuasive ce ne sarebbero a centinaia, ma voglio elencarti quelle più efficaci, che vanno a stimolare la mente inconscia. La prima è **"concentrarsi"**: questa parola, molto usata dagli ipnotisti, focalizza l'attenzione su un determinato punto del discorso e stimola la mente inconscia a seguire una specifica direzione di pensiero.

Per esempio, potrei dire: *"Ora che abbiamo visto gli interni di quest'auto, proviamo a concentrarci su quello che sono gli aspetti più importanti che fanno di questa vettura una delle migliori al mondo..."*

"Profondo": anche questa è utilizzata tantissimo in ipnosi; consente di entrare in una specie di trans ipnotico, perché guida il nostro cliente in una dimensione interiore profonda. Sempre tornando all'esempio dell'auto, potremmo dire:*" Ora che abbiamo visto come sono gli interni, andiamo ad approfondire il nostro discorso in modo più dettagliato sulla qualità dei materiali..."*

"Immediatamente": questa è davvero una parola magica, perché dà un senso di qualcosa che accade subito. La mente inconscia non ha il senso del tempo, tutto accade, appunto, immediatamente, quindi se stimoliamo l'inconscio con questa parola, diamo l'input per una risposta positiva. Per esempio: *"Le persone che hanno acquistato quest'auto si sono accorti immediatamente della comodità alla guida."*

Un'altra parola molto potente è **"automaticamente"**: ci fa sentire sereni e rilassati nel prendere una decisione. Ci fa intuire che non avremo alcun problema. Per esempio: *"Una volta che avrai acquistato quest'auto, ti accorgerai di come automaticamente riuscirai a percorrere grandi distanze in estrema comodità."*

"Ancora": questa è una parola che crea aspettativa, la sensazione che ci sia qualcosa di più, qualcosa di meglio. Per esempio: *"Quest'auto oltre, ad avere il computer di bordo, ha ancora qualcosa in più che le altre auto non hanno."*

"Quindi": crea una connessione tra due frasi che non per forza devono essere legate tra di loro. Per esempio *"Se quest'auto è la più richiesta oggi, ci deve essere una ragione, quindi non ti resta che provarla."*

"Nel momento in cui": questa piccola frase attiva nella persona una sensazione di urgenza, di necessità. Per esempio, potrei dire: *"Nel momento in cui proverai quest'auto, ti accorgerai immediatamente di come è comoda guidarla."* Da notare come ho rafforzato questa frase inserendo l'altra parola ipnotica "immediatamente".

"Sembra di essere": queste parole attivano il potere dell'immaginazione e sono molto utili da utilizzare quando si vuole portare la persona a provare delle sensazioni solo immaginandole. Per esempio: *"Quando guiderai quest'auto ti sembrerà di essere su un tappeto di velluto, è talmente silenziosa che avrai la sensazione di essere nel tuo salotto di casa..."*

"Se e allora": queste espressioni sono due classiche parole ipnotiche di causa-effetto. Connettono degli elementi che non per forza devono andare insieme. Per esempio: *"Se sei venuto da noi, allora significa che hai scelto di essere sicuro alla guida."*

Come vedi, queste parole riescono a far scattare nella mente di chi ci ascolta dei pensieri che lo fanno muovere verso una determinata direzione. Ovviamente queste non sono le uniche, ma ritengo siano quelle che dovremmo sempre cercare di inserire nelle nostre frasi. Ci sono poi parole che creano un finto consenso e attivano la decisione. Eccone di seguito alcune, secondo me fondamentali.

"Le altre persone... e tu?": questa formula crea nella persona una decisione basata sul consenso sociale. E non gli dà altre alternative di scelta. Per esempio: *"Molte persone hanno scelto l'auto con i sedili in pelle, altre con il nuovo materiale da noi realizzato, e tu invece quale preferisci?"* Come avrete notato questa è una tecnica simile a quella che ho definito LA TRAPPOLA.

In questo caso, però, si abbina un consenso sociale e quindi la persona, sapendo che altri hanno fatto questo tipo di scelta, sarà più invogliata a farne una sua.

"Prima o poi": questa espressione sfrutta la presupposizione, dove si comunica che prima o poi succederà una determinata cosa. Del tipo: " *Prima o poi tutti acquisteranno le auto con questa nuova tecnologia, che garantisce sicurezza al 100%.* "

"Non è necessario": questa è una delle frasi ipnotiche che amo di più. Come mentalista ho sempre fatto l'esempio durante i miei show del famoso elefante rosa; chiedo al pubblico di non pensare a un elefante rosa e tutti, invece, in quel momento lo pensano. Sono convinto che anche tu ora abbia creato nella tua immaginazione un elefante rosa, vero?

Questo è esattamente ciò che accade quando diciamo ad una persona di non fare una cosa. Abbinata ad un senso di urgenza, va a far scattare nella mente di chi ci è di fronte il desiderio opposto, per esempio: *"Non è necessario che tu decida oggi, tieni presente che nel momento in cui deciderai potrebbe essere trascorso troppo tempo e non riuscirai ad averla per la fine del mese..."*

Prima di chiudere il discorso sulle parole persuasive, è molto importante tener presente che tutto il nostro discorso deve avere una costruzione verbale anch'essa persuasiva. Quindi è fondamentale ricordare che il discorso lo si può costruire in modo vago o indiretto.

Il discorso vago lascia degli spazi vuoti, che è poi l'interlocutore stesso a riempire. Questo è molto importante, poiché lascia spazio all'immaginazione. Per esempio, se ti dicessi: *"Immagina di mangiare la cosa che ti piace di più"*, questo ti farebbe volare con la fantasia a immaginare qualcosa che ti piace, ma se ti dicessi: *"Immagina di mangiare un panino al salame"*, ti limiterei lo spazio immaginativo e quindi andrei a cancellare l'effetto persuasivo.

Questa è una tecnica molto potente, perché proprio il fatto di "non dire" va a suggerire qualcosa che la persona crea con la sua immaginazione. Quindi, se stimoli il pensiero del tuo cliente in modo adeguato, potrai fargli immaginare delle sensazioni positive, riguardo qualcosa di specifico che gli stai proponendo.

Il discorso indiretto, invece, è in realtà una tecnica "anti attacco", infatti quando parliamo in modo diretto o proponiamo qualcosa in modo esplicito, otteniamo scarsi risultati. Frasi del tipo *"fai così"*, *"devi provarlo"* ecc... danno una sensazione di attacco, creando ovviamente delle barriere di comunicazione. La cosa giusta da fare è creare delle strutture di linguaggio che rassicurano chi ci sta di fronte. Praticamente il trucco sta nel dire le stesse cose, ma in forma diversa!

Per esempio, potresti dire: *"Fai questo, che ti aiuta"*, oppure *"Dovresti provarlo almeno una settimana e renderti conto dell'efficacia"* ecc... in questo caso daresti al tuo cliente una sensazione di scelta e non di obbligo. Quando si è troppo diretti non va assolutamente bene.

Infatti, spesso si confonde l'entusiasmo di parlare di un prodotto con "l'aggressione" nel presentarlo. Essere entusiasti di ciò che si vende è fondamentale, ma devi sempre dare al cliente la sensazione che lui possa scegliere se fare una cosa oppure no: rassicurare chi ci sta di fronte è la chiave della vendita perfetta.

Un'altra tecnica di linguaggio estremamente persuasiva è l'uso della forma impersonale, infatti è simile al discorso indiretto: crea degli spazi vuoti che poi è il nostro cliente a riempire. Per esempio, se stai vendendo un sistema di antifurto, potresti dire: *"Si dice che molte persone si siano trovate benissimo con questa applicazione, che permette di controllare la casa a distanza."* Questa frase non solo crea nella mente di chi ci ascolta curiosità nel provare il prodotto, ma allo stesso tempo dà una riprova sociale. Sicuramente meglio di dire: *"Con questa applicazione ti troverai benissimo."* Una frase del genere infatti non fa immedesimare il cliente nella situazione, ma la mette in situazione di difesa.

Ricorda, quindi, che le parole persuasive non devono essere utilizzate da sole, ma devono essere inserite in una struttura verbale adatta che aiuta a potenziarle. Ti consiglio, come esercizio, di scrivere la tua frase di vendita utilizzando i concetti che ti ho spiegato: vedrai, con il tempo imparerai a parlare in modo persuasivo senza neanche accorgertene!

FRASI PER CONVINCERE

Non esistono solo parole persuasive, ma anche frasi che, dette al momento giusto, vanno a influenzare chi ci ascolta. Eccone alcune molto convincenti.

• *"Non sono certo che questo prodotto/servizio sia adatto a te..."*. Questa frase fa sottintendere che quello che stai offrendo è qualcosa di esclusivo, che solo pochi possono avere. Questo va a creare, nella mente di chi ascolta, un pensiero del tipo: *"Perché non può essere adatto a me? Cosa ho io in meno degli altri?"*.

• *"Non tutti sono così aperti mentalmente da provare questo servizio, tu lo faresti?"*. Questo fa intendere alla persona che abbiamo di fronte che solo coloro che hanno una mente aperta possono capirne il valore. Il cliente, non volendo fare una brutta figura, ascolterà con attenzione ciò che hai da proporgli.

• *"Come ti sentiresti se..."*. Abbiamo già parlato di come amplificare il dolore, e questa è un'espressione classica che stimola una sensazione negativa nel momento in cui non si fa una determinata cosa. Per esempio, potresti dire: *"Come ti sentiresti, se non approfittando di questa occasione tornassi nella situazione in cui eri prima?"* Se fai vivere all'altra persona una prospettiva negativa associata alla non fruizione del tuo prodotto, la metterai in condizione di essere più propensa alla proposta.

- **"*Immagina come sarebbe...*"**. Questa espressione, invece, crea esattamente la sensazione opposta a quella precedente. In questo caso fai immaginare al tuo cliente il tipo di miglioramento che avrebbe nell'utilizzare il tuo prodotto o servizio. Per esempio: *"Immagina come sarebbe se, dopo un mese di coaching, riuscissi a superare tutti gli ostacoli mentali che fino ad ora ti hanno bloccato nel raggiungimento dei tuoi obiettivi..."*.

- **"*Quando credi che sia il giorno migliore per vederci?*"**. Quando prendo un appuntamento, formulo sempre una domanda aperta dove la risposta "no" non è contemplabile. Infatti al cliente non chiedo se "vuole" vedermi, ma "quando".

- **"*Ora hai tre opzioni. Puoi scegliere un altro personal success coach, e quindi fare di nuovo tutte le ricerche, prendere appuntamenti e sperare che possa offrirti qualcosa di ancora più esclusivo, oppure puoi non fare nulla e continuare sulla tua strada, sperando che le cose vadano per il meglio. Oppure, come terza opzione, possiamo iniziare una collaborazione, in modo che tu possa vedere fin da subito risultati e poi decidere se continuare*"**. La proposta delle tre opzioni è un classico della vendita.

Con questa tecnica porterai il cliente a scegliere la terza opzione, in quanto la prima lo stresserebbe (fare di nuovo le ricerche, contattare altre persone ecc.), la seconda lo demoralizzerebbe (se ti ha chiamato è perché non vuole rimanere in questo stato) e la terza, invece, gli darebbe una possibilità di soluzione. perché non vuole continuare in questo stato), la terza invece gli darebbe una possibilità di soluzione.

• *"Ci sono due tipologie di persone..."*. Questa frase crea subito una vocina interna che porta a chiederci in quale categoria siamo. Il tuo compito sta nel formulare una frase dove in realtà c'è soltanto una scelta. Per esempio, spesso mi capita di dire a chi vuole seguire i miei corsi: *"Ci sono due tipologie di persone, le prime che non passano all'azione, restando dove sono e sperando che le cose si aggiustino da sole, le altre, invece, vogliono ottenere risultati immediati e finalmente avere una svolta nella loro vita..."*. Ancora una volta, con questa frase ho creato un dialogo interiore dove faccio sentire al cliente il "dolore" di come sarebbe la sua vita se facesse la scelta sbagliata.

• *"Io e te siamo molto simili..."* Questa espressione crea connessione con il nostro cliente e gli fa intendere che abbiamo gli stessi gusti o problemi da risolvere. Come spigato nella sezione sui principi della persuasione, le persone sono attratte da chi è simile a loro.

Per esempio, potresti costruire una frase del genere: *"Io e te siamo molto simili; quando abbiamo di fronte troppe scelte andiamo in panico perché non sappiamo da dove iniziare, vero?"*

- **"Cosa ti fa pensare questo?"**. Questa è un'ottima domanda per tenere il discorso aperto durante una vendita, specialmente quando il cliente dice cose del tipo: *"Al momento non ho il budget"*, oppure *"Non sono sicuro del prodotto"*. Questo obbliga a dare una risposta, che ci permette di continuare la nostra presentazione.

- **"Prima che tu prenda una decisione..."**. Quando vediamo che il nostro cliente non è sicuro di cosa gli stiamo proponendo, possiamo utilizzare questa frase per mostragli altre testimonianze o per dargli ulteriori spiegazioni. Infatti spesso percepiamo quando il cliente non è convinto di qualcosa; per evitare che possa azzardare un'obiezione, possiamo anticiparla con una frase del genere.

È molto semplice strutturare frasi persuasive, basta tener presente di creare, nella mente di chi ci ascolta, delle realtà che non sono espresse apertamente, ma che fanno intendere quello che noi vogliamo. Creando una "doppia realtà" riusciamo a influenzare il subconscio senza che gli altri se ne accorgano.

Prova a fare questo esercizio: cambia le frasi che generalmente usi per comunicare una tua idea utilizzando queste tecniche di linguaggio persuasivo; ristrutturale, quindi, in modo che diano lo stesso messaggio, ma in modo nascosto.

Per esempio, una frase del tipo: *"Questo è il prodotto che fa per te"* potrebbe trasformarsi in: *"L'80% delle persone che hanno provato questo prodotto hanno subito ottenuto risultati. Immagina come ti sentiresti una volta che lo hai provato"*. In questa frase ho inserito "Immaginazione" e "Riprova Sociale", praticamente ho detto quello che volevo, ma non in modo così esplicito.

Prova a strutturare alcune frasi e vedrai che con il tempo, durante il tuo discorso di vendita, sarà tutto più spontaneo.

Creando una "doppia realtà" riusciamo a influenzare il subconscio senza che gli altri se ne accorgano.

LE PAROLE NEGATIVE

Ti ho parlato delle parole persuasive e di come strutturare le frasi con esse, ma ci sono anche delle parole che dobbiamo assolutamente evitare. Eccone alcune di quelle che reputo più importanti:

La parola "costo" fa venire in mente una perdita economica, quindi meglio sostituirla con la parola "investimento", che implica una possibilità di guadagno a lungo termine.

Frasi come "No, hai ragione" o "No, ho capito" vanno assolutamente evitate, infatti il NO è percepito come un blocco. Bisogna sostituire con: "Sì, hai ragione", "Sì, ho capito".

Anche la parola "scusa" va evitata; essa viene usata da chi ha commesso un errore, quindi meglio dire "per favore". Per esempio, durante la dimostrazione di un'auto, invece di dire *"Scusi, può venire a vedere questo modello"*, potresti dire: *"Per favore si avvicini, che le mostro questo modello"*.

Spesso ci capita di dire: *"Ti posso rubare un minuto?"*. Questo va evitato, in quanto la parola "rubare" ci ricorda una truffa. Meglio dire: *"Puoi dedicarmi un minuto?"*. Ciò non solo suona meglio, ma crea anche una connessione più personale. Un'altra formula che odio sentire prima di una frase è *"E... niente"*, spesso usata in situazioni del tipo: *"E niente... quindi a che ora prendiamo l'appuntamento?"*. Questo dà un senso di approssimazione; inoltre è anche un'espressione poco elegante. Ricordate di non farlo!

Altre due parole utilizzate nella vendita sono "guadagnare" e "risparmiare". Queste parole sono entrambe positive, ma dipende molto dal contesto nel quale le inseriamo. La parola "risparmiare", infatti, ci fa capire che parliamo di qualcosa di cui beneficiare a lungo termine, mentre "guadagnare" ci dà la sensazione di qualcosa che accadrà nell'immediato.

Ovviamente, come già detto, la parola "problema" va evitata, infatti fa entrare le persone in uno stato di ansia. Se sei, per esempio, in ritardo a un appuntamento per cause non dovute alla tua volontà, e stai chiamando per avvisare, invece di dire: *"Ho avuto un problema"*, meglio dire: *"Ho avuto un contrattempo"*. Questo dà la sensazione di qualcosa che si risolverà in un tempo determinato.

Non ci sono solo parole che vanno evitate, ma anche strutture di frasi che spesso diamo per scontate e che diciamo spesso. Quello che ti consiglio è di rimuovere, oppure cambiare il modo di esporre le seguenti frasi:

- "Non si preoccupi";
- "Questo prodotto non le darà problemi";
- "Non c'è nessuna fregatura";
- "Non voglio forzarla";
- "Vedrà che non se ne pentirà";
- "Non voglio dirle una bugia";
- "Non la sto prendendo in giro";

Dimmi la verità quante volte hai detto queste frasi? O magari le hai sentite?

Frasi del genere creano dubbi in chi ci ascolta, infatti se dici: *"Non la sto prendendo in giro"* oppure *"Le dico sinceramente"*, non vai a fare altro che creare un dialogo interno in chi ti ascolta di questo tipo: *"Chi mi dice che non stia dicendo una bugia?"*, *"Chi mi dice che è sincero?"* e via dicendo.

Attenzione, anche frasi del tipo *"Siamo leader da trent'anni in questo campo"* oppure *"Siamo gli unici in Italia a proporre questo servizio"* possono creare disturbo nella mente di chi ci ascolta. Quando sentiamo queste frasi, ci sembra di essere presi in giro. Se proprio intendi usarle, devi dare una prova oggettiva di ciò che affermi.

Un buon esercizio, quindi, è quello di analizzare bene le parole che usi nel momento in cui prepari il tuo "script" di vendita, in quanto possono psicologicamente influenzare chi le ascolta. Il linguaggio è un'arma potentissima e, se usato nel giusto modo, può garantirci ottimi risultati

"Mostrate ad un uomo quel che gli occorre ed egli muoverà mari e monti per ottenerlo"
- Frank Bettger

LE TRE SCELTE

Desidero parlarti di una tecnica di vendita molto efficace che può essere implementata all'interno della tua offerta; dipende ovviamente dal tipo di prodotto o servizio che vendi. Quando vendi il tuo prodotto, normalmente il cliente ha soltanto un'opzione di scelta, quindi nella sua mente si crea la domanda: "Devo acquistare o no?", con un'altra serie di pensieri riguardanti il budget ecc.

Se, invece, lo fai scegliere tra A e B, è stato provato che l'80% delle persone opterà per la proposta A e il 20% la proposta B; questo significa che, comunque, venderai. Il tuo cliente non sarà più costretto a scegliere fra "comprare" o "non comprare", ma sarà focalizzato sul "cosa" comprare!

Quando offri solo due opzioni, la maggior parte delle persone sceglie quella più economica, per il semplice motivo che vuole andare sul sicuro: nel caso in cui l'offerta non fosse consona ai bisogni, comunque non sarebbe stato investito troppo denaro. Se, invece, introduci una terza opzione, ecco che accade la magia... prima, però, voglio farti un esempio.
Quante volte sei andato al cinema e hai acquistato dei popcorn? Avrai sicuramente visto che ci sono tre tipi di formati possibili: piccolo, medio e grande. Ora, visto che sono un bravo mentalista, scommetto che nella maggior parte delle volte hai scelto il formato medio, giusto?

Se sì, vuol dire che sei caduto nel gioco del marketing delle "tre scelte"; infatti, introducendo una terza scelta, la prima, con il costo più basso, viene automaticamente cancellata dalla tua mente, portandoti a spendere di più con l'acquisto della seconda opzione, ossia quella col costo medio.

Avrai visto come alcuni corsi si sviluppano su tre livelli: silver, gold e platinum. Anche in questo caso il cliente è portato a scegliere quello di mezzo, poiché pensa che sia un po' come avere il meglio di entrambe le soluzioni.

Il segreto, quindi, sta nel creare sempre tre tipi di offerte. La prima di base, la seconda a un buon prezzo e la terza molto costosa, che corrisponde al top di gamma del tuo servizio.

Ti posso assicurare che avrai comunque persone che vogliono il meglio, ma molte andranno a scegliere l'opzione media, garantendoti quindi un maggiore introito nelle vendite. Con il gioco delle "tre scelte" avrai il 20% dei clienti che acquisterà il prodotto top di gamma, il 60% quello centrale e il rimanente 20% quello di base.

Come vedi, all'inizio eravamo partiti con solo una scelta; ora, avendone tre, il nostro pensiero non sarà quello di capire se il nostro cliente comprerà oppure no, ma che cosa comprerà. Io stesso ho applicato questo principio ai miei corsi, e devo dirti la verità: ho aumentato le vendite in modo esponenziale. Una semplice tecnica, ma di grande valore!

GLI STEP DELLA VENDITA PERFETTA

Arrivati a questo punto del libro, immagino che ti chiederai come utilizzare tutte le nozioni che hai appreso, inserendole nella presentazione di vendita. Come ho già spiegato, dipende tutto dalla situazione in cui sei, se dal vivo, al telefono, in un meeting, ecc...

Ora, però, voglio darti uno schema di vendita importante per costruire una sorta di "scaletta" di presentazione. Vedremo anche come e dove inserire alcune delle tecniche che hai imparato sino ad ora.

Prima di passare allo schema di vendita vero e proprio, devi prima lavorare su te stesso, cioè creare il giusto mindset per la vendita, come già spiegato, e per il tuo linguaggio verbale e non verbale. La cosa migliore da fare è registrarsi in video, così da capire come ci si muove e se il linguaggio non verbale riflette esattamente ciò che si dice. Ricorda che il primo impatto avviene nei primi cinque secondi in cui incontri il cliente, quindi lavora molto su questo aspetto.

Una volta che hai stabilito come gestire la comunicazione, sarà il caso di passare alla creazione dello schema di vendita. Questo, ovviamente, dovrà essere modificato in base al tuo prodotto; ho cercato quindi di renderlo adattabile a qualsiasi tipo di offerta.

1. **Studia il prodotto:** quando studi il prodotto da vendere è molto importante che ti basi su tre principali punti. a) Le *caratteristiche* (quindi tutto quello che è la parte fisica del prodotto) - fai una lista ben dettagliata e cerca di non tralasciare nulla. Più sei esperto del prodotto e più acquisterai fiducia; b) i *benefici* - cosa il prodotto può fare per il cliente; c) *i vantaggi*, cioè cosa il tuo prodotto offre in più rispetto agli altri.

2. **Studia la tua "niche" specifica:** molti venditori cercano di vendere tutto a tutti, e questo è un grandissimo errore. Se pensiamo che tutti debbano comprare il nostro prodotto, non solo perderemo del tempo prezioso, ma non venderemo nulla, o almeno molto poco. La "targetizzazione" specifica del cliente è fondamentale, infatti ti aiuta a creare dei profili di persone che sono potenzialmente interessate al tuo prodotto. La prima cosa da fare è creare una lista di clienti che tu credi possano avere interesse nel tuo prodotto. Se, per esempio, vendessi dei corsi motivazionali, potresti andare sui vari gruppi di Facebook e cominciare a contattare persone che tu credi siano potenziali clienti. Ovviamente non dovrai mandare email di spam, ma piuttosto avvicinarli attraverso dei post che possano creare interesse nell'argomento. Una volta che hai la tua lista completa, suddividila in sezioni, mettendo per primi quelli che hanno un potenziale maggiore di acquisto. Ovviamente se il tuo business è mirato ad aziende o gruppi di persone, farai esattamente lo stesso processo. Ricorda, questo ti serve ad avere un elenco preciso di persone da contattare e a gestire meglio il tempo.

3. Fai un'analisi accurata dei tuoi concorrenti: spesso, quando mi trovo a fare coaching di vendita, mi accorgo che molti venditori non hanno studiato in modo approfondito quello che la concorrenza offre. La prima cosa che devi fare è scrivere l'elenco delle caratteristiche, dei benefici e dei vantaggi dei prodotti della concorrenza, mettendo accanto a questi quello che tu hai da offrire. Una volta fatto questo, dai un punteggio, con molta onestà, a ogni categoria caratteristica del tuo prodotto. In questo modo, non solo saprai cosa dire al riguardo, ma saprai anche come migliorare il valore della tua offerta. Una volta fatto questo, concentrati sui punti in cui la concorrenza cade e fai la comparazione con questi prodotti, nel momento della presentazione di vendita. Sicuramente ti sarà capitato di vedere pubblicità comparative; ecco questa è esattamente la stessa cosa, ma sarai tu a farlo.

4. **Prepara lo script:** una volta che sai quali sono le caratteristiche, i benefici e i vantaggi della tua offerta, hai fatto la ricerca del cliente e l'analisi comparativa, è il momento di preparare lo script di vendita. In questo caso ricorda di inserire all'interno dello script, sempre che la tua offerta lo permetta, frasi che possano garantirti un "yes set" e tecniche come "le tre scelte" e "la trappola". Ovviamente, preparati ad anticipare e rispondere alle obiezioni. Puoi anche creare uno script a parte, con quelle che potrebbero essere le obiezioni del cliente e le tue risposte.

5. **Contatto:** in questo step procederai a contattare i tuoi potenziali clienti e, possibilmente, a fissare un incontro. Se, invece, la tua vendita è telefonica, provvederai a utilizzare le tecniche persuasive spiegate precedentemente. Ricorda di utilizzare il giusto tono di voce.

6. L'incontro: la prima cosa che devi ricordare è di non parlare troppo! Piuttosto, cerca di capire quali sono i bisogni del cliente, fai parlare lui! Ricorda: tu non vendi parlando, ma ascoltando. Fare domande aiuta ad attirare l'attenzione, ma se parli sempre e solo tu, non farai altro che annoiare chi ti sta di fronte. Prima d'incontrare il tuo cliente lavora su te stesso, utilizza la "meditazione motivazionale" e approccia il momento con il giusto mindset e il giusto linguaggio verbale e non verbale. Inizia il tuo discorso con una domanda aperta, cioè fai in modo di far parlare il più possibile il tuo cliente, in modo che possa esporti subito il problema. Successivamente ascolta con attenzione quello che ha dire, e prendi appunti sui vari punti che tu credi siano importanti. Questo non solo gli fa capire che lo stai seguendo con attenzione, ma soprattutto ti fornirà uno schema preciso che potrai utilizzare nell'esporre il tuo prodotto, ossia la soluzione dei problemi da lui espressi.

7. **La presentazione della tua offerta:** ora che hai capito quali sono i problemi del cliente, è il momento di passare all'azione presentando il tuo prodotto. Nel momento della presentazione, ricorda di fare riferimento alle problematiche da lui esposte e mostragli le soluzioni. Utilizza la tecnica dell'amplificazione del dolore e della vendita emozionale per instaurare un rapporto a livello di subconscio. Durante il discorso, cerca anche di anticipare le obiezioni: questo farà sì che il cliente non possa interromperti durante la presentazione e che si senta rilassato.

8. Dimostrazione e testimonianze: è fondamentale che durante la presentazione del tuo prodotto ci sia una dimostrazione visuale. Ovviamente dipende dal prodotto o servizio che stai vendendo. Quando vendo i miei corsi per mentalisti, ho sempre sul mio I-pad un video con diverse testimonianze che mostro al cliente. La riprova sociale è importante per influenzare le scelte delle persone. Ricorda che noi crediamo in base a quello che vediamo, quindi più riesci a fornire una dimostrazione dettagliata del tuo prodotto e più avrai possibilità di vendita. Non so se ti è mai capitato di vedere nei mercati quelle persone che mostrano i vari set per affilare, sminuzzare le verdure ecc... come avrai notato, loro stanno lì ore a dar dimostrazione del prodotto, non si fermano mai! Infatti ci sono sempre molte persone intorno a loro, e questo fa sì che ci sia una grande percentuale di vendita. Alcuni hanno anche un I-pad sul tavolo dove continuamente mostrano le varie testimonianze dei clienti. Questo non è che il classico concetto del prodotto "visto in TV"! Inoltre, la dimostrazione del prodotto va anche a spezzare il discorso di presentazione, che per molti potrebbe risultare noioso.

9. Opzioni di vendita e pre-chiusura: a questo punto della presentazione devi ricapitolare al tuo cliente i suoi problemi e quali opzioni puoi offrirgli. Se il tuo prodotto o servizio offre tre scelte, puoi utilizzare, appunto, la tecnica precedentemente descritta in questo libro, altrimenti, analizza con lui ciò che effettivamente risolverà utilizzando il tuo prodotto. Non dimenticare che prima di chiudere la presentazione, e quindi passare al prezzo, dovrai dare un senso di urgenza all'acquisto.

Puoi fargli presente che l'offerta è limitata per un certo periodo di tempo. Per esempio, nel mio coaching personale per il successo ho alcune offerte che faccio solo in alcuni mesi dell'anno, che includono le spese di hotel, viaggio ecc... Prima di passare al prezzo, faccio sempre presente questa cosa, e ciò crea in chi mi ascolta il pensiero che se non approfitta in quel momento dell'offerta, andrebbe poi a pagare molto di più in futuro.

10. **Prezzo e chiusura della vendita:** la parte finale della vendita è sempre quella più difficile; ho notato che molti venditori hanno quasi paura di comunicare il prezzo! Questo è un gravissimo errore. Come già detto in altri capitoli di questo libro, se credi nel tuo prodotto, non devi avere nessun timore di dire il prezzo. Il valore di quello che offri è la soluzione ai problemi dei clienti, quindi questo deve soltanto farti sentire orgoglioso. Quando presento il prezzo dei miei corsi per mentalisti, sono talmente sicuro di quello che dico, che trasmetto l'idea che quello che stanno pagando non è nulla in confronto a quello che guadagneranno a livello professionale. Non dimenticare di dare delle opzioni di pagamento. Se sei riuscito ad anticipare le obiezioni, durante il discorso di vendita, dovresti avere molte più possibilità di chiusura. Nel caso in cui, invece, il cliente dovesse dirti che ci vuole pensare, chiedigli di elencarti i punti che gli procurano questi dubbi, e cerca di dimostrargli come possono essere risolti.

I PRINCIPI DELLA PERSUASIONE

In questo libro abbiamo spesso parlato di "riprova sociale", "scarsità" ecc... Ebbene, questi concetti fanno parte di importanti principi di persuasione che dobbiamo sempre tener pronti nel nostro arsenale di "mago della vendita". Il famoso psicologo statunitense Robert Cialdini, esperto in psicologia sociale della persuasione, ha stilato i sei punti più importanti della persuasione, che voglio elencarti per completezza:

1. **Coerenza:** per convincere una persona è necessario essere coerenti nell'esporre le nostre idee, in quanto questo garantisce attenzione e fiducia da parte del cliente.
2. **Reciprocità:** quando qualcuno ci fa una cortesia, tendiamo a sentirci in debito. Se facciamo quindi abituare il nostro cliente a piccoli favori, come per esempio un download gratuito per l'iscrizione alla newsletter, o magari un sample di prova di un nostro prodotto, alimenteremo in lui l'idea di ricambiare, acquistando il nostro prodotto.
3. **Riprova sociale:** le persone cercano conferma delle proprie decisioni in quelle di chi le circonda. Dimmi la verità, quante volte prima di acquistare un prodotto vai a leggere le recensioni? Questo significa che stai cercando sicurezza nel giudizio degli altri, il che ti farà decidere se acquistare o meno un determinato prodotto. Come già spiegato, è importante che prima di ogni presentazione di vendita tu abbia testimonianze reali di chi ha usato prima il tuo servizio o prodotto.

4.   **Autorità:** una persona autorevole in un determinato campo, è considerata maggiormente credibile. Quindi se sei esperto nel tuo settore, e in ciò che vendi acquisterai fiducia in chi ti ascolta.

5.   **Simpatia:** le persone si sentono a proprio agio con persone simili a loro. Quando sei a contatto con i tuoi clienti, cerca subito di creare empatia, questo li farà rilassare a li farà essere più aperti alle tue proposte.

6. **Scarsità:** un principio molto importante, del quale abbiamo parlato spesso in questo libro. Quando un prodotto è limitato nel tempo o nel numero di pezzi offerti, il cliente è spinto a comprarlo più velocemente. Quante volte ti sarà capitato di correre nei magazzini perché hai visto che c'era lo sconto del 70% per soli due giorni? O magari hai acquistato dei prodotti su Amazon durante le loro super offerte limitate? Questo è il principio della scarsità in azione! Se vuoi vendere qualcosa dal vivo oppure online, cerca sempre di fare delle offerte che abbiano un tempo limitato oppure siano riservate a pochi; quando qualcosa è "esclusivo" attrae ancora di più!

Come avrai notato, questi principi sono ben presenti nelle tecniche spiegate in questo libro, quindi fanne tesoro e vedrai che potrai applicarli in qualsiasi circostanza di vendita, dal web alle presentazioni in pubblico.

"Non c'è nel petto dell'uomo passione più forte del desiderio di far pensare gli altri come lui."
- Virginia Woolf

LA PIANIFICAZIONE DEGLI OBIETTIVI

Oltre che curare il nostro linguaggio verbale e non verbale e tutte le varie tecniche descritte in questo libro, bisogna studiare delle strategie di pianificazione degli obiettivi, utili non solo nella vendita, ma anche nella vita in generale.

Essere organizzati in tutto ciò che si fa è di estrema importanza. Conosco molti venditori che hanno una vita frenetica e quando si alzano la mattina non sanno neanche come organizzare la giornata. La disciplina è la chiave del nostro successo. Di seguito voglio darti alcuni punti da tenere sempre presenti per il raggiungimento dei tuoi obiettivi.

1. **Identifica l'obiettivo:** se vuoi ottenere successo, devi descrivere l'obiettivo in modo dettagliato. Nella vendita, per esempio, non basta pensare "voglio vendere tanto", ma bisogna identificare esattamente cosa, quando, dove e come. Personalmente, scrivo su un pezzo di carta esattamente tutto quello che desidero e poi procedo ai vari passi per arrivare a quell'obiettivo. Se so che voglio vendere il mio coaching aziendale a una determinata azienda, scrivo anche tutti i vari passi che devo fare per raggiungere determinate persone o contatti.

2. **Scrivi i benefici che l'obiettivo ti porterà:** non perdere tempo su cose che alla fine non ti porteranno dove vuoi. Scrivi quali benefici vuoi che l'obiettivo ti porti, in modo da capire quanto vale la pena muoversi verso la sua realizzazione.

3. **Fai la lista degli ostacoli che dovrai superare:** lungo un percorso è normale trovare degli ostacoli, alcuni però sono prevedibili ed altri intuibili. Quindi fai una lista di quegli ostacoli che pensi possano bloccarti, e accanto a loro scrivi le varie soluzioni che potresti mettere in pratica. Questo ti aiuterà psicologicamente a superarli.

4. **Fai la lista delle competenze di cui hai bisogno per arrivare all'obiettivo:** come ho già detto altrove, avere tutte le competenze riguardo il prodotto che devi vendere è molto importante. Non hai idea di quanti venditori ho incontrato che nel momento in cui gli facevo alcune domande, un po più specifiche, andavano in panico! Studia bene ciò che hai da vendere e trasmetterai sicurezza e professionalità.

5. **Fai team work:** quando si chiede l'aiuto di qualcuno diventa tutto più facile. Se ne hai la possibilità, fatti guidare da persone più esperte di te, che possano darti consigli su come muoverti lungo il tuo cammino. Non aver paura di chiedere a chi sa più di te; avere un mentore è importante per la crescita personale.

6. **Pianifica il piano di azione:** prima di procedere ad una qualsiasi vendita, pianifica in modo dettagliato tutte le azioni da intraprendere, in modo da avere il quadro generale di tutto ciò che è necessario per raggiungere il tuo obiettivo.

7. **Decidi la scadenza entro cui vuoi che si realizzi l'obiettivo:** come nella vita, anche nel lavoro è importante darsi delle scadenze. Se hai in mente un budget da raggiungere, entro un determinato tempo, scrivilo! Credimi, non hai idea di quanto sia motivante darsi una data di scadenza, che può anche essere a lungo termine, ma deve esserci!

Ovviamente ci saranno delle difficoltà lungo il percorso, ma questo non dovrà farti arrendere. Immagina tutti i benefici che questo sacrificio ti porterà. Un po' come accade alle persone che vogliono perdere peso: se pensassero solo a "privarsi" del cibo, vivrebbero la situazione come un continuo sacrificio, ma se invece immaginassero quanto si sentiranno meglio una volta che avranno perso peso, questo li motiverà nel raggiungere il loro obiettivo.

Ricorda che il pensiero si può trasformare in azione, e se il pensiero è motivato dalla prospettiva di ciò che riuscirai ad ottenere al termine delle tue azioni, si trasformerà in successo. I nostri pensieri modellano la nostra vita, se rimuoviamo i pensieri limitanti e cambiamo il nostro dialogo interno, il nostro stato mentale diventerà positivo.

Nella Programmazione Neuro Linguistica esiste la tecnica del "re-incorniciare", ossia riformulare le affermazioni relative a un problema in modo da concentrarsi sul risultato desiderato e trasformarle, quindi, da negative in positive.

Invece di pensare, per esempio, *"Non riuscirò mai a realizzare quella vendita"*, riformula il concetto con *"Cosa posso fare per ottenere un buon risultato da quella vendita?"*. Cambiando la frase, creerai un dialogo interno che è basato sul risultato e non sulla sconfitta. Come esercizio, prova a riformulare tutte le frasi che ti bloccano nel raggiungere i tuoi obiettivi, e vedrai che acquisirai un nuovo stato mentale.

EMAIL PERSUASIVE E COPYWRITING

Parlando di tecniche di persuasione di vendita, non potevo tralasciare le email e il web in generale. Esistono molti libri sul "copywriting persuasivo" ai quali puoi fare riferimento, ma vorrei comunque darti quelle che credo siano le basi per iniziare a "convincere" anche attraverso il web.

Iniziamo subito con l'email. Innanzitutto, la prima regola da seguire, non solo quando si invia una mail, ma nel business in generale, è di mostrare sempre il valore di ciò che offri. Il testo della mail deve riguardare il cliente per il 70% e te stesso solo per il 30%. Il cliente deve capire il valore che offri e come puoi risolvergli il problema. Quando scrivi una mail, immagina di leggerla dal suo punto di vista. Quante volte ti sarà capitato di ricevere delle mail che non hai voluto neanche aprire a causa dell'oggetto. Oppure mail che, una volta aperte, ti han fatto subito capire essere dei "template" generici, che sono inviati a tutti, con niente che possa farti capire che quel messaggio è indirizzato personalmente a te e alla risoluzione del tuo problema.

Ricorda che le persone che leggono la tua mail per la prima volta non ti conoscono e quindi sono scettiche. Mi è capitato spesso di vedere venditori che, pur di far presto, inviano la stessa mail a tutti, senza fare nessuna ricerca di mercato e capire, appunto, che valore possono offrire a determinati clienti. Questo non solo fa perdere del tempo prezioso, ma fa perdere dei potenziali clienti che invece potrebbero essere interessati.

Quindi, tenendo a mente tutte queste problematiche, voglio darti alcuni spunti che ti permetteranno di scrivere la perfetta mail persuasiva.

1.   Non copiare e incollare la stessa email per tutti i clienti, ma rendila personale. Magari inizia proprio con il loro nome e incorporando qualcosa riguardo la loro azienda. Per esempio: *"Gent.mo Mario Rossi, mi chiamo Luca Volpe e mi occupo di formazione aziendale. Studiando la sua azienda Tal Dei Tali, ho visto che spesso organizza formazione del personale. Il mio corso di vendita persuasivo è l'unico in Italia che si basa su tecniche pratiche che portano risultati immediati."* ecc... Come vedi, in questa semplice introduzione non solo ho inserito il nome del cliente, ma gli ho fatto capire che ho fatto una ricerca riguardo la sua azienda. Questo va a catturare subito l'attenzione e garantisce che l'email non sia cestinata.

2.   Non scrivere lunghe email! Chi è impegnato non ha tempo per leggere email lunghe, quindi vai diretto al punto in poche righe e, se puoi, fissa un appuntamento telefonico.

3.   Non parlare di te stesso o di quanto grande è il tuo prodotto o servizio, ma piuttosto fai capire quanto valore il tuo prodotto può portare e che cosa perderebbero i clienti non acquistandolo.

4.   Quando strutturi una email, ricorda che spesso le persone le leggono sul telefono, quindi ricorda di suddividere bene i paragrafi in modo che possano essere letti facilmente.

5.   Alla fine della mail, se puoi, inserisci testimonianze e tutto ciò che possa dare una riprova sociale al tuo prodotto.

Se invece non le hai ancora, ti consiglio di far provare gratuitamente il tuo prodotto o servizio per un tempo limitato e in cambio avere delle testimonianze video o scritte, dalle persone che lo hanno provato.

6. Non parlare di soldi nella mail. Se vuoi fissare un appuntamento, parla solo dei benefici e fai capire che il tuo servizio è perfetto per chi leggerà la mail. Se è invece una "cold email" spiega che ci sono diverse opzioni di prezzo in base alle richieste specifiche. Fai sempre in modo che sia il cliente a chiedere informazioni a riguardo.

7. Il soggetto della mail deve creare interesse. Cose del tipo "Un nuovo corso per te" sono immediatamente cestinate. Piuttosto, usa il nome del cliente o scrivi qualcosa che possa riguardare lui personalmente. Ecco alcuni esempi da provare: *il suo nome nell'oggetto seguito da una domanda*, tipo: "Mario, che ne pensi di aumentare le vendite per il prossimo anno?"; *il nome di una persona che conosce e chi ti raccomanda a lui:* "Da Martina Rossi: Nuove soluzioni aziendali"; oppure usa nell'oggetto una soluzione del tipo: "Sig. Rossi, ecco il modo rapido per risolvere il tuo problema". Usa la scarsità. Per esempio: "Solo tre giorni per cambiare il modo in cui presenti il tuo prodotto" ecc... Ricorda che il tuo obiettivo deve essere quello di ottenere una risposta e suscitare curiosità.

8. Se vuoi far andare sul link il tuo cliente, devi creare curiosità. Per esempio, invece di scrivere: "Ecco il video della presentazione del corso" scrivi qualcosa del genere: "Guarda cosa è successo a questa persona alla fine del mio corso". Questo creerà curiosità riguardo il contenuto di quel video e aumenterà la possibilità di "click" esponenzialmente.

9. Se la tua email è rivolta a un brand, includilo nel corpo del testo. Le persone sono sempre attratte da cose che parlano di loro.

10. Prima di inviare una email a freddo, fai una ricerca dettagliata dell'azienda e fai in modo che ciò che scrivi sia rivolto specificatamente a essa.

11. L'obiettivo nel mandare una email non è quello di chiudere subito l'affare, ma di generare contatti di potenziali clienti. Quindi più valore mostri è più possibilità avrai di una risposta.

12. Fai capire al cliente che usando il tuo servizio o prodotto farà la differenza nel mercato. Ricorda che le persone sono attratte da cose esclusive e che pochi possono avere.

Questi sono i dodici punti che deve tenere sempre presenti quando scrivi un'email. Ovviamente, anche il testo deve contenere frasi e parole persuasive che portino il tuo cliente all'azione. Utilizzare la scrittura per convincere le persone ad acquistare un nostro prodotto o servizio è tecnicamente chiamato "copywriting persuasivo". Esso consiste, appunto, nel creare testi e titoli che attirano l'attenzione di chi li legge.

Anche attraverso la scrittura, infatti, possiamo far leva sulle emozioni delle persone. Le stesse tecniche che utilizziamo quando incontriamo un cliente di persona possono essere utilizzate anche quando scriviamo. Tutte le pubblicità che vedi, sia in tv sia sui giornali, sono frutto del copywriting persuasivo.

Avrai sicuramente letto frasi del tipo "Immagina come la tua pelle sarà liscia utilizzando la nuova crema Tal Dei Tali. Quando accarezzerai il tuo viso, la tua pelle sarà come seta...". Questa frase contiene due tipologie di persuasione, quella emozionale e quella sensoriale.

La prima ti porta ad immaginare come sarà la pelle dopo aver utilizzato il prodotto, quindi ti mostra il risultato prima ancora di averla acquistata. La seconda, invece, ti provoca quella che definisco "anticipazione sensoriale", ossia ti fa percepire, a livello inconscio, la sensazione della seta sulle tue mani una volta che avrai accarezzato il viso dopo aver usato la crema e ancora prima di acquistarla!

Come vedi, basta utilizzare tutte queste tecniche per rendere più efficace una frase. Quello che ti consiglio di fare è analizzare tutte le pubblicità sui giornali, in tv, in strada ecc... resterai sorpreso nel notare tutte queste tecniche applicate alla perfezione. L'idea generale del copywriting è "vendere con le parole", e infatti ci sono persone che guadagnano fior di quattrini creando frasi del genere. Se sei interessato all'argomento, ci sono molti libri tra i quali scegliere.

Il segreto base del copywriting è quello di analizzare prima quali sono le problematiche delle persone e poi riportarle all'interno della struttura della frase. Per esempio, se il tuo target di clienti è quello di persone che amano viaggiare, e il tuo prodotto è uno zaino antifurto, potresti creare un titolo del genere: "Sei stanco di viaggiare con la paura che possano aprire il tuo zaino? Finalmente la soluzione che cercavi è arrivata!".

All'interno di questa semplice frase abbiamo inserito la paura principale del cliente (che gli possano aprire lo zaino senza che lui se ne accorga) e la sua soluzione (il nuovo zaino antifurto).

Un altro esempio: mettiamo il caso che il problema del tuo cliente sia quello di non riuscire a generare clienti attraverso le sue piattaforme. Un titolo di copywriting potrebbe essere: "I veri segreti su come utilizzare al meglio le tue piattaforme digitali per generare nuovi clienti in pochi giorni!". Inserendo il problema, e la risoluzione immediata, crei subito curiosità e azione da parte di chi guarda. Sono sicuro che avrai almeno una volta cliccato su quelle "Ad" di Facebook che dicono: "Scopri i segreti dei milionari" oppure "Scopri come ottenere un fisico statuario in tre giorni!" e via dicendo.

Prima di creare il tuo titolo o il messaggio di copywriting è importante seguire determinati step:

1. **Identifica il tuo cliente/nicchia.** Come già spiegato nella sezione delle email persuasive, non devi inviare a tutti la tua proposta, ma vedere prima chi ha realmente bisogno dei tuoi servizi e chi può permetterselo. Chi lavora sulle campagne pubblicitarie sa benissimo che la ricerca del target è fondamentale per la creazione del messaggio stesso.

2. **Crea un'offerta interessante mirata ai problemi del cliente.** Un grande esempio è quello di vendere corsi che permettono di migliorare la qualità della vita. L'idea di investire in qualcosa che può farti guadagnare di più di ciò che hai investito fa sempre effetto.

Stessa cosa sui programmi di dimagrimento, fitness e via dicendo. In questo caso non si tratta di investire soldi per fare più soldi, ma per sentirsi meglio. Un'altra cosa interessante è l'aggiunta di bonus o extra all'offerta. Ti sarà capitato di vedere quelle televendite dove se acquisti un set di pentole, ti danno in "omaggio" un televisore, una lavatrice e un motorino! In questo caso, all'inizio si indirizza l'attenzione sul servizio di pentole, che di per sé appare caro. Nel momento in cui sono mostrati gli extra in regalo, il prezzo del set sembrerà improvvisamente basso!

3. **Fai la lista precisa delle caratteristiche che offre il tuo prodotto.** Anche quando scrivi, devi elencare tutto ciò che la tua offerta include. L'elenco deve essere più dettagliato di quello che normalmente esponi durante una presentazione di vendita a voce. Se, infatti, leggi le caratteristiche di un computer Apple, vedrai che esso ha una pagina specifica con un elenco lunghissimo! Psicologicamente questo ti porta a pensare che se un prodotto ha tanto da offrire, deve essere buono per forza!

4. **Giustifica l'acquisto con una lista dei benefici.** Quando presenti un prodotto devi anche far capire perché deve essere acquistato. Per esempio, se vendi una crema antirughe, non solo dovrai elencare tutte le varie caratteristiche della crema, ma anche il perché il prodotto funziona. Potresti dire una cosa del genere: "La nostra crema antirughe Tal Dei Tali è completamente biologica e, a differenza delle altre sul mercato, vi donerà una pelle luminosa sin dalle prime applicazioni". È cosa buona, quindi, che per ogni caratteristica, elenchiamo anche i benefici, giustificandone l'acquisto.

5. Studia un titolo di presentazione che genera attenzione. Esistono molte formule di titoli che vengono utilizzate in copywriting, come ad esempio: "Scopri come guadagnare 1.000 euro al giorno con un click" oppure: "I veri segreti delle persone di successo" e così via. Come vedi, sono tutte create con l'intenzione di generare immediatamente attenzione. Basta che ti guardi in giro, sia sui giornali che sul web, per trovarne centinaia. Il migliore esercizio che ti do è quello di raccogliere quante più possibili "headline" e utilizzare poi le stesse strutture per inserire il tuo messaggio!

6. Anticipa le possibili obiezioni. Anche nello scritto, se per esempio stai creando una email, devi eliminare tutti i possibili dubbi dalla mente di chi legge. Questo lo puoi fare innanzitutto con la credibilità che ha il tuo prodotto (testimonianze, recensioni, ecc.) Attraverso lo scritto, infatti, le persone sono ancora più scettiche, perché non hanno un contatto diretto con il venditore. Quindi, usa tutto il possibile per rassicurare chi ti legge.

7. Usa la "chiamata all'azione" finale. Come in tutte le strutture di presentazione di un prodotto via web, ma anche via altri media, è importante concludere il testo con una "chiamata all'azione". È fondamentale essere estremamente diretti, creando una frase che colpisca e vada ad incitare le persone a cliccare su un determinato link. Per esempio, frasi del tipo: "Chiamaci al numero 123345" sono molto deboli, invece frasi del tipo: "Chiama ora e inizia il tuo cammino verso il successo", sono sicuramente molto più motivanti e dirette.

Per esempio, una frase stupenda che usa il famoso network Netflix è: "Guarda quello che vuoi. Disdici quando vuoi." e poi sul bottone del link è scritto: "Abbonati gratis per un mese". La genialità nel scrivere una frase del genere è stata quella di coprire i dubbi di chi legge (abbonarsi e disdire) e dare la possibilità di provare il prodotto (gratis per un mese). Come vedi, bastano poche parole per creare una "chiamata all'azione" immediata.

Per concludere, ricorda sempre che il buon copywriting è fatto di piccole frasi. Quando scrivi la presentazione di vendita, cerca di avere massimo cinque frasi per ogni paragrafo, che vadano dirette al punto, in modo semplice da capire. Usa quando puoi, durante la scrittura della presentazione di vendita (se per esempio la invii via email), delle frasi sotto forma di domanda, per esempio: "Ti piacerebbe imparare i veri segreti del copywriting?" oppure: "Ti piacerebbe guadagnare 1.000 euro al giorno con pochi click? Leggi qui sotto.". Usando questo tipo di frasi, generi attenzione e curiosità.

E, per concludere definitivamente, parla lo stesso linguaggio del tuo lettore. Molte persone sottovalutano questo aspetto, che è invece molto importante. Spesso leggo delle email a freddo con delle proposte di prodotti e servizi che sono difficili da capire, specialmente quando si utilizzano termini tecnici di cui non tutti siamo a conoscenza. Quindi, un linguaggio fruibile e una formattazione semplice del testo rendono il tutto molto più chiaro da assimilare.

Il copywriting è un'arma potente che ti permette di guadagnare con le parole. Se pianifichi nel modo giusto un servizio che puoi vendere attraverso il web, come ad esempio corsi, audio libri ecc... e strutturi la promozione con il giusto modello di copywriting, avrai un'alta possibilità di guadagno.

Il miglior modo per imparare è vedere ciò che fanno gli altri, quindi da oggi in poi, ogni volta che stai per cliccare su un link, analizza il perché lo stai facendo e scoprirai anche tu il segreto per influenzare gli altri!

Il segreto base del copywriting
è quello di analizzare prima
quali sono le problematiche delle persone
e poi riportarle all'interno
della struttura della frase.

PERSUASIONE VISIVA PER IL WEB

Abbiamo parlato di email e copywriting, ma non posso tralasciare l'argomento della persuasione visiva per il web. Come ho già spiegato in questo libro, ci sono diversi fattori psicologici che spingono una persona a fare determinate scelte, e ti ho insegnato come fare per stimolarli sia con il linguaggio verbale sia con quello non verbale. Come possiamo influenzare anche a livello visivo le scelte di chi ci segue o ci trova sul web?

Ci sono alcuni aspetti da considerare, quando costruisci la tua immagine sul web. Se li terrai bene a mente, ti garantiranno molte più possibilità di essere scelto anche attraverso i media.

La prima cosa è vedere te stesso non come un individuo, ma come un vero e proprio business e, come tale, devi porti delle domande specifiche, che sono le seguenti:

1.   Che cosa voglio dimostrare come individuo attraverso il look/grafica della mia presenza online?
2.   Quali sono i miei obiettivi principali?
3.   Che tipo di immagine hanno i miei concorrenti? Come promuovono loro stessi?
4.   Come posso differenziarmi dagli altri?
5.   Qual'è la mia principale caratteristica?
6.   Cosa motiva chi mi trova online a scegliere me e non altri?
7.   Qual'è il target di persone che voglio avvicinare?
8.   Qual'è la zona/nazione che devo targettizzare?

Una volta che hai risposto a queste domande in modo sincero, sarai pronto per creare la tua immagine sul web. Le risposte a queste domande ti permetteranno anche di creare i contenuti dei tuoi social media: abbinando questi concetti al tuo prodotto, riuscirai a mirare un target di clienti più preciso. Vediamo ora che cosa serve per creare un "sito persuasivo" che riesca a comunicare subito il tuo messaggio.

- Il sito deva avere innanzitutto uno scopo specifico. Se vendi un prodotto specifico o un servizio, concentra l'attenzione solo su quello (tipici sono i siti di una sola pagina che concentrano l'offerta su un solo prodotto in particolare).
- Fai in modo che sia fruibile con una struttura visivamente leggibile e semplice da seguire.
- Semplifica la gestione dei link. Ci sono siti che hanno una miriade di menu, che distraggono l'attenzione del nostro potenziale cliente.
- Chiara "chiamata all'azione". Il link dell'acquisto deve essere ben visibile e accessibile all'interno del sito.
- Usa immagini ad alta risoluzione, questo denota professionalità e ricerca nei dettagli.
- Dirigi e controlla l'attenzione di chi legge. Utilizza delle sezioni del sito, magari usando dei colori diversi, o delle caselle di testo che possano attirare l'attenzione del lettore.

- Se possibile, utilizza i visi delle persone. Se hai delle testimonianze, utilizza le loro fotografie (ovviamente con una posa sorridente). L'essere umano è attratto dai visi, ci danno sicurezza e aiutano a connettere.
- Se usi delle tue foto, ricorda di creare contatto visivo. Le mie foto promozionali sono sempre con lo sguardo diretto in camera. Quando ti fai la foto devi immaginare di parlare con chi ti sta leggendo.
- Usa delle frasi emozionali. Come spiegato nel copywriting, utilizza frasi che conquistano il lettore sotto l'aspetto emozionale.
- Se per promuovere il tuo prodotto usi dei video, la durata deve essere massimo di due minuti, altrimenti rischi di perdere l'attenzione.
- Inizia sempre il video con una domanda, che identifica subito la risoluzione di un problema, oppure con una frase che genera attenzione.
- Fai in modo che il "mood" del video rifletta il target del tuo pubblico, sia nel tuo modo di presentarsi, che nella realizzazione grafica in generale.
- Cerca di sollecitare emozioni in chi ti ascolta.
- Non dimenticare di tenere presente "l'aspect ratio" del video. Su alcuni social puoi utilizzare la classica risoluzione HD 1920x1080, mentre su altri social, per esempio le storie di Instagram, esso deve avere un'aspetto verticale. La "thumbnail" (immagine che rappresenta il video, prima che il video steso parta) deve generare attenzione. Quindi usa foto di persone, oppure testi con font in grassetto o colorati.

Per quanto riguarda i social media, come Facebook, Twitter, Instagram, ecc... è ovvio che più sei attivo e più hai possibilità di condividere il tuo messaggio. Ricorda che i contenuti e la frequenza con cui posti sono fondamentali per far conoscere il tuo servizio o prodotto.

Molte persone si sentono avvilite al solo pensiero di dover postare tutti i giorni, ma - anche in questo caso - tutto sta nella pianificazione! Personalmente, quello che faccio è decidere quale giorno della settimana dedicare alla creazione dei contenuti. Per esempio, quando ho realizzato le mie pillole video "I Consigli Della Volpe" (da qui poi il libro omonimo), per varie settimane, ogni lunedì, dalle 20 alle 22, ho realizzato un numero pianificato di video. Alla fine, con circa quattro settimane di lavoro, ho creato i contenuti per quasi un anno!

Alcune influencer di mia conoscenza dedicano un paio di giorni alla settimana solo per fare le foto, in modo da averle sempre pronte, ogni giorno, e poterle utilizzare per diverso tempo. Ricorda che è proprio grazie alla costanza e alla qualità dei contenuti che puoi farti conoscere in tutto il mondo, attraverso delle piattaforme di semplice utilizzo.

Ecco alcuni punti da ricordare quando usi i social media:

- Cerca sempre di creare connessione con chi ti segue, rivolgendoti al tuo pubblico come se fossi un amico.
- Sii sempre consistente nei tuoi contenuti, pubblica almeno un post al giorno, in modo da tenere sempre aggiornato chi ti segue.

- Utilizza uno stile grafico/fotografico consistente. Avrai, probabilmente notato, che chi usa i social professionalmente, ha uno stile di fotografia ben specifico. Magari c'è chi ha un tema tutto sull'azzurro, chi invece posta solo libri e via dicendo. Ci sono anche altre tecniche, molto utilizzate si Instagram, che consentono di dare un look più accattivante al proprio profilo. Una di queste è la regola del 6 o del 9. Praticamente, si decide un tema (di colore, storia, mood etc..) da pubblicare in sequenza di 6 o 9 fotografie. In questo modo, quando si passa da una sequenza all'altra, è tutto molto fruibile, senza "accozzaglie" di colori. Alcune influencers, infatti, hanno sequenze di 12 foto (l'importante è andare sempre in tre alla volta) che passa dall'estate all'inverno e, così facendo, il passaggio da una stagione all'altra diventa molto bello da vedere. Avere consistenza nel look grafico dei social denota molta professionalità.
- Usa sempre parole e testi (come studiato in questo libro) che possano stimolare l'utente a "passare all'azione" e quindi a contattarti per informazioni.
- Un'altra cosa da non sottovalutare sono le dirette, sia Facebook che Instagram. Infatti è stato provato che, utilizzando i video, ci sono molte più possibilità di interagire con chi ascolta e quindi aumentare le possibilità di vendita. Io stesso, prima del lancio di un mio prodotto, faccio delle dirette di "teasing", dove ne anticipo l'uscita e chiedo a chi segue di farmi domande al riguardo.

La cosa interessante, è che facendo in questo modo, vai non solo capisci quali sono i bisogni dei tuoi follower, ma ha anche la possibilità di acquisire nuovi utenti da inserire nella tua newsletter.

Anche l'utilizzo dei colori sul web, può influenzare psicologicamente chi ti guarda. Di seguito i vari significati:

- Rosso: pericolo, sensualità, attrazione, emozione, calore, attività, vibrazioni.
- Blu: calma, rassicurazione, rilassamento, tristezza, sicurezza, ricchezza.
- Giallo: attività, eccitazione, calore, felicità, pericolo.
- Verde: rilassamento, status, ricchezza, pace, calma, bellezza.
- Nero: ricchezza, lusso, prosperità, formalità, sofisticatezza, serietà.

Come vedi non è una cattiva idea, tener presente il significato dei colori per costruire una pagina web. Ricorda, più tecniche persuasive utilizzi (colori, testi, audio etc..) è più possibilità hai di acquisire contatti.

CONOSCI L'AUTORE

Luca Volpe è l'unico mentalista italiano riconosciuto a livello internazionale. Due volte vincitore del "Merlin Award" in qualità di Mentalist of the Year e di due premi europei il "Nostradamus Award" e il "Robert Houdin D'Or", è stato anche l'unico italiano ad aver ricevuto l'ambito premio internazionale "Annemann Award" per il suo contributo all'arte del mentalismo.

Negli ultimi anni ha presentato il suo spettacolo per più di un milione di persone in tutto il mondo, calcando le scene di teatri internazionali e navi da crociera. Tutto questo fa di Luca Volpe il performer più richiesto per eventi aziendali ed eventi di lusso.

Il suo talk motivazionale "Unlock Your Dreams" è stato premiato all'Università di Cambridge nel corso della manifestazione "Re-Coding Perception Through Magic" e la sua abilità nell'insegnare intrattenendo, lo rende unico in questo campo.

I suoi corsi online, hanno aiutato migliaia di utenti nella loro crescita personale e, ad oggi, sono i corsi più scaricati sul web.

Volto noto della televisione italiana per le sue innumerevoli apparizioni nei programmi della Rai e per essere stato il Tutor di comunicazione e linguaggio del corpo, nella popolare trasmissione "Detto Fatto" su Rai Due.

RINGRAZIAMENTI

Sei giunto alla fine di questo libro, ma ora sei all'inizio di una nuova e brillante carriera nel campo della vendita! Mi auguro che metterai subito in pratica le tecniche descritte, in modo da renderti conto di quanto siano efficaci.

Io ti ringrazio per aver supportato questo progetto e, se non l'hai ancora fatto, dai anche un'occhiata al mio libro precedente "I Consigli Della Volpe", un libro tascabile, da portare sempre con te, dove troverai dei consigli pratici su come utilizzare la mente in modo produttivo.

Ovviamente, come si dice in inglese "we are standing on the shoulders of giants" (siamo tutti sulle spalle dei giganti) quindi voglio ringraziare tutti i grandi autori che, prima di me, hanno creato delle grandi opere nel campo della vendita che ti consiglio vivamente di leggere, in modo da espandere le tecniche studiate in questo libro. Ecco gli autori che mi hanno ispirato nella realizzazione di questo libro: Brian Tracy, Jay Habraham, Jordan Belfort, Zig Ziglar, Dan Lok, Robin Sharma, Tony Robbins, Robert James e tanti altri ancora che ho studiato nel corso di tutti questi anni.

Ringrazio il mio amico fraterno e collega, Alessandro Castrianni, per aver revisionato questo libro, e ovviamente la mia famiglia, che con il suo supporto, è sempre accanto a me nei momenti più importanti.

Un grazie speciale va alla scrittrice e giornalista, Isabella Rosa Pivot, per aver scritto l'introduzione del libro. Vi consiglio di acquistare il suo libro "Non ho tempo" - Racconti brevi per trovarlo – edito da Effedì Edizioni.

Grazie a Mary Parpinel, per avermi dato l'input nello scrivere il primo libro "I Consigli della Volpe", e grazie a tutti coloro che mi seguono da anni in TV e nei miei spettacoli dal vivo.

Non dimenticare di taggare @lucavolpeofficial su Instragram e se ti va di farti un selfie con il libro, usa l'ash-tag #maghidellavendita le migliori foto le utilizzerò nei miei social!

COVER PHOTO
Marco Pratticò

EDITING
Luca Volpe Productions

REVISIONE
Alessandro Castrianni
alessandro.castrianni@gmail.com

LUCA VOLPE OFFICIAL WEBSITE
www.lucavolpe.com

SEGUI LUCA VOLPE SU FACEBOOK
Luca Volpe Mentalista Motivazionale
&
Luca Volpe The Italian Mentalist

YOUTUBE OFFICIAL
www.youtube.com/lucavolpe

Luca Volpe è certificato con livello **MASTER e PRACTITIONER** internazionale presso INLP CENTER riconosciuto dall'International NLP Association America e dall'International Association of Professional Life Coaches

NOTE:

NOTE:

NOTE: